공생

「명사」　물리적으로 가까운 거리에 살고 있는 서로 다른 종들의 상호작용으로
　　　　보통은 서로에게 이롭다.

지난 40억 년이 넘는 시간 동안 미생물은 지구에 생명을 불어넣어 왔어. 덕분에 지구는 곳곳마다 서로 다른 다양한 생명체로 가득한 곳이 되었지.

미생물은 지금까지도 다양한 생명체와 서로 도움을 주고받으며 살아가고 있어. 그 결과 새로운 생명체가 탄생하기도 했지. 사람도 그렇게 생겨났어. 어떤 공생은 해롭기도 하지만 대부분 서로 도움을 주고받는 관계야.

생명체가 경쟁하면서 진화한다는 주장은 생명 활동을 잘못 이해하고 하는 이야기야. 생명체는 다른 생명체와 더불어 살아가는 존재야.

SMALL FRIENDS
The Forest in the Tree
Copyright © 2020 Ailsa Wild, Aviva Reed, Briony Barr and Gregory Crocetti
All rights reserved.
Korean translation copyright © 2021 by BULKWANG MEDIA CO.
Korean translation rights arranged with MARCO RODINO AGENCY through EYA (Eric Yang Agency).

이 책의 한국어판 저작권은 EYA (Eric Yang Agency)를 통해 MARCO RODINO AGENCY와 독점 계약한 주식회사 불광미디어가 소유합니다. 저작권법에 의하여 한국 내에서 보호를 받는 저작물이므로 무단 전재 및 복제를 금합니다.

사진 저작권

39쪽   균사 © Daniel Wipf. Universite de Bourgogne, INRA Dijon, France
40쪽   토양 미생물 © Soil and Terrestrial Environmental Physics group of Dani Or at ETH Zurich. 채색: Anne Greet Bittermann, ETH Zurich — ScopeM
41쪽   식물 뿌리에 모여든 세균 © Hahn L, Sa ELS, Osorio Filho BD, Machado RG, Damasceno RG, Giongo A. Rev Bras Cienc Solo 2016; 40: e0160006
44쪽   농지로 바뀐 아마존 숲 © Matt Zimmerman.
45쪽   두엄 © Philip Cohen.

이유가 있어서 함께 살아요

2021년 8월 27일 초판 1쇄 발행
2023년 1월 26일 초판 3쇄 발행

기획 브라이오니 바, 그레고리 크로세티
글 아일사 와일드 · **그림** 아비바 리드
번역 류충민, 류재헌
펴낸이 류지호
편집 김희중, 곽명진 · **표지 디자인** firstrow · **본문 디자인** 최선미
펴낸 곳 원더박스 (03169) 서울시 종로구 사직로10길 17, 인왕빌딩 301호
전화 02) 720-1202 · 팩시밀리 0303-3448-1202
출판등록 제2022-000212호(2012. 6. 27.)

ISBN 979-11-90136-51-8 74470
      979-11-90136-50-1 74470 (4권 세트)

• 잘못된 책은 구입하신 서점에서 바꾸어 드립니다.
• 독자 여러분의 의견과 참여를 기다립니다. ✉ wonderbox13@naver.com
• 스마트폰으로 QR코드를 스캔하면 도서 목록으로 연결됩니다.

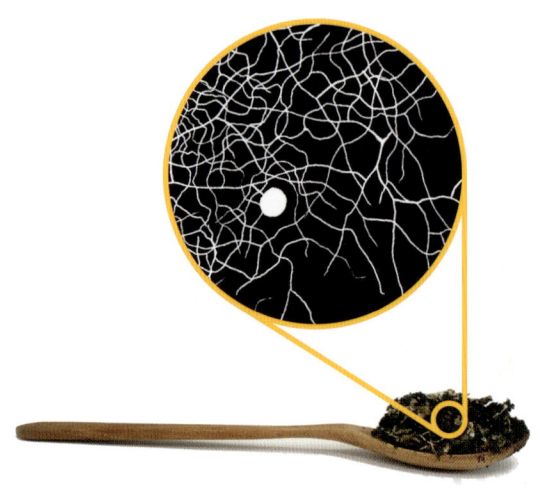

이 이야기에는 아주아주 작은 곰팡이와 세균이 나와.
건강한 흙 한 숟가락에는 수십억 마리 세균과, 곰팡이가 만든
실처럼 생긴 균사 수백 미터가 들어 있지.

이유가 있어서 함께 살아요

나무, 곰팡이, 세균이
서로 돕고 사는 법

브라이오니 바, 그레고리 크로세티 기획
아일사 와일드 글 아비바 리드 그림
류충민, 류재헌 옮김

원더박스

땅속의 균근 곰팡이

물이 나를 깨웠어. 배가 너무 고파.
나는 작은 균근* 곰팡이 포자야.
나는 지금 위태로워. 생명을 지켜 줄 음식인
지방과 당분이 며칠 뒤면 바닥나거든.
다른 음식을 찾지 못한다면 죽고 말 거야.

*균근: '균(菌, 곰팡이)'과 '근(根, 뿌리)'을 합친 말로, 식물 뿌리와 공생 관계를 맺고 살아가는 곰팡이를 말함.

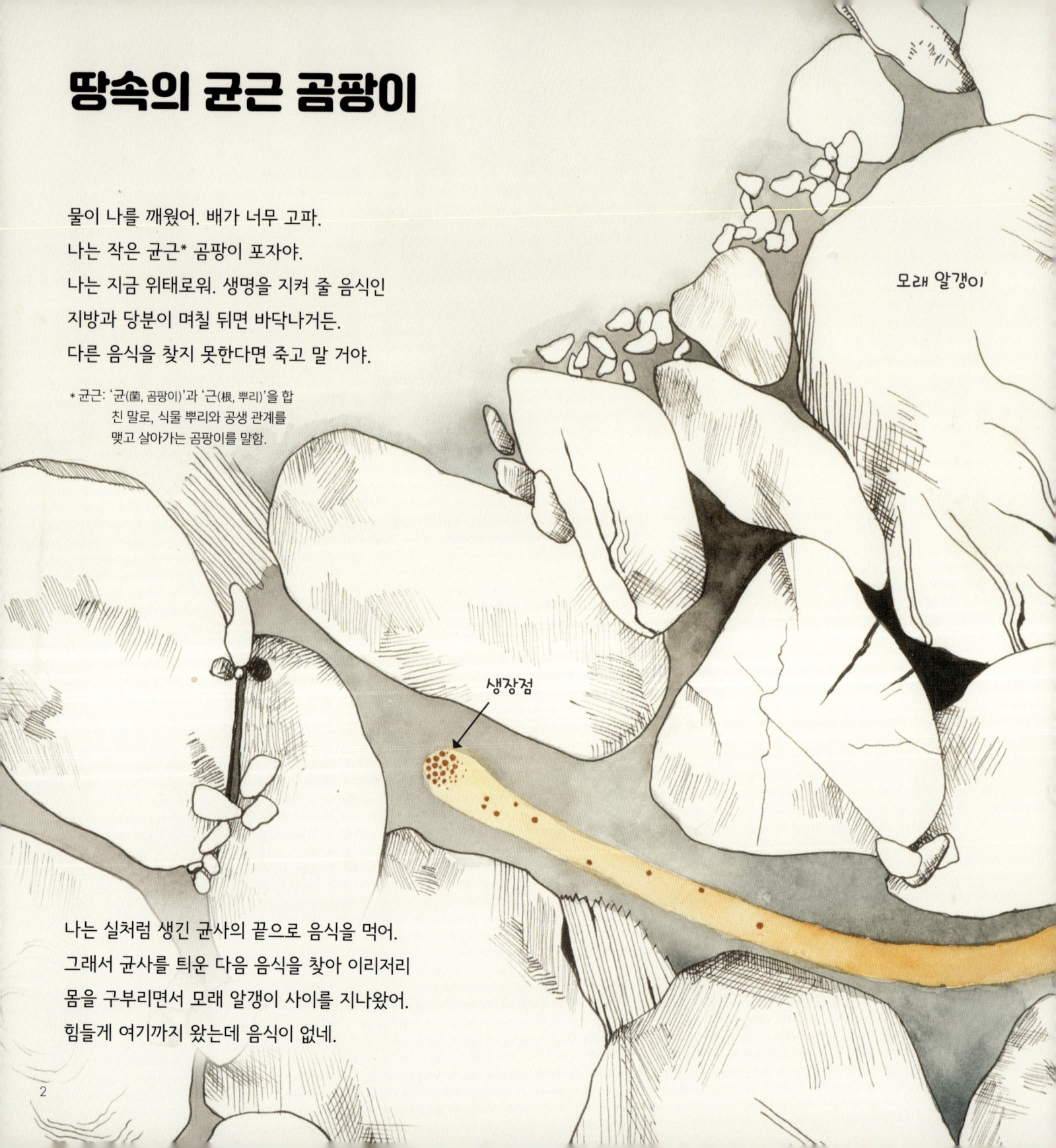

모래 알갱이

생장점

나는 실처럼 생긴 균사의 끝으로 음식을 먹어.
그래서 균사를 틔운 다음 음식을 찾아 이리저리
몸을 구부리면서 모래 알갱이 사이를 지나왔어.
힘들게 여기까지 왔는데 음식이 없네.

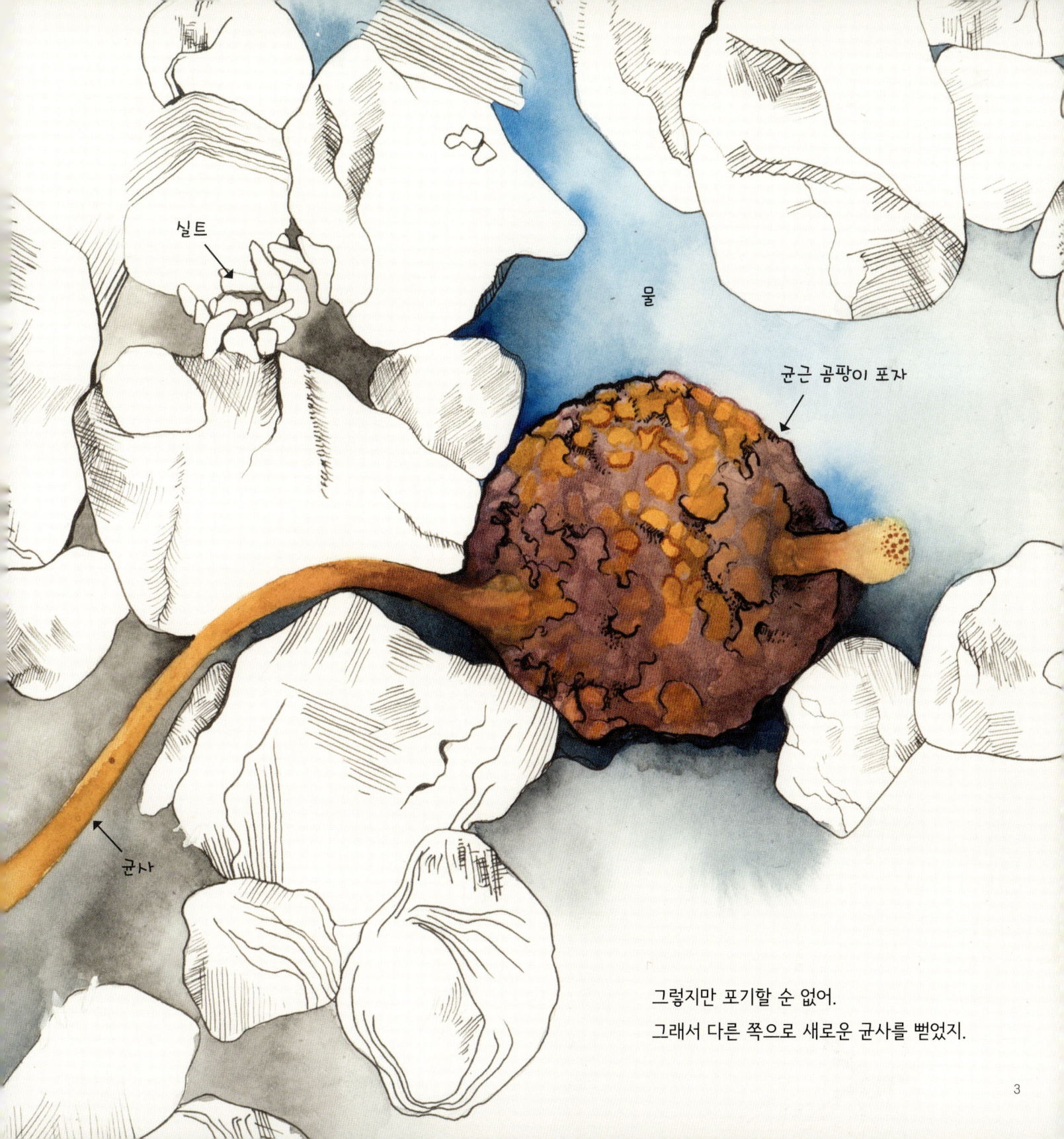

이름이 틸리스인 세균들이 둘러싸고 있는
석영 조각 쪽에서 부지런히 일하는 소리가 들려.
작고 강한 틸리스들이 물방울을 이용해 모래 속
석영 조각에서 인(P)을 뽑아내고 있는 거야.

"만나서 반가워!" 내가 부르자,
"우리도!" 몇몇 틸리스가 답했어.
"나 좀 도와줄래? 혹시 식물 뿌리 본 적 있어?"
내가 묻자,
"이 근처에선 못 봤는데." 틸리스들이 대답했지.

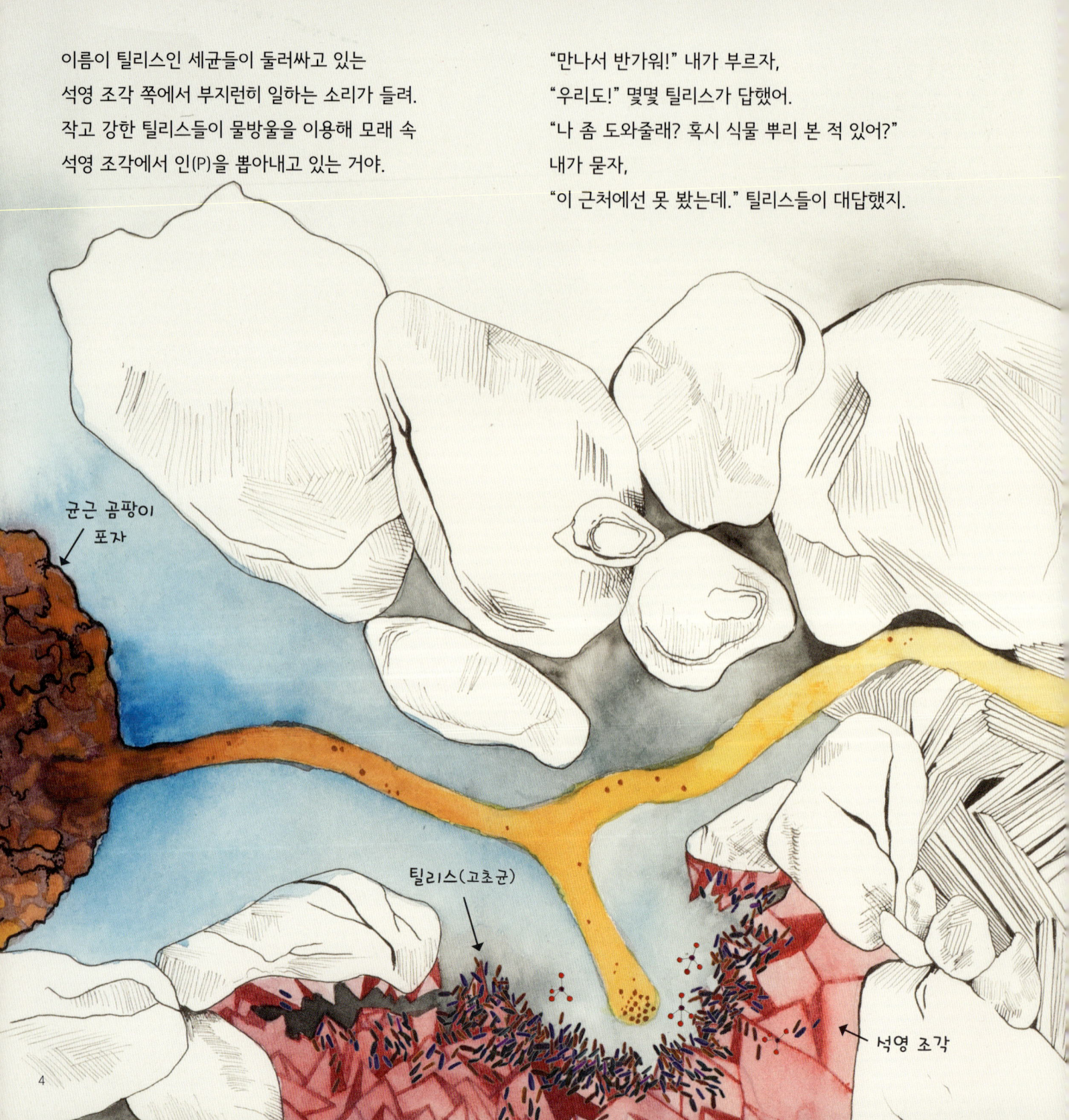

나는 균사를 뻗어 다른 쪽으로 가기로 했어.
부드러운 점토를 지나 단단한 돌덩이를 뚫고 나아갔지.
이제 내가 갖고 있던 에너지가 거의 동나 버렸어.
얼른 식물을 찾지 못한다면 나는 굶어 죽게 될 거야.

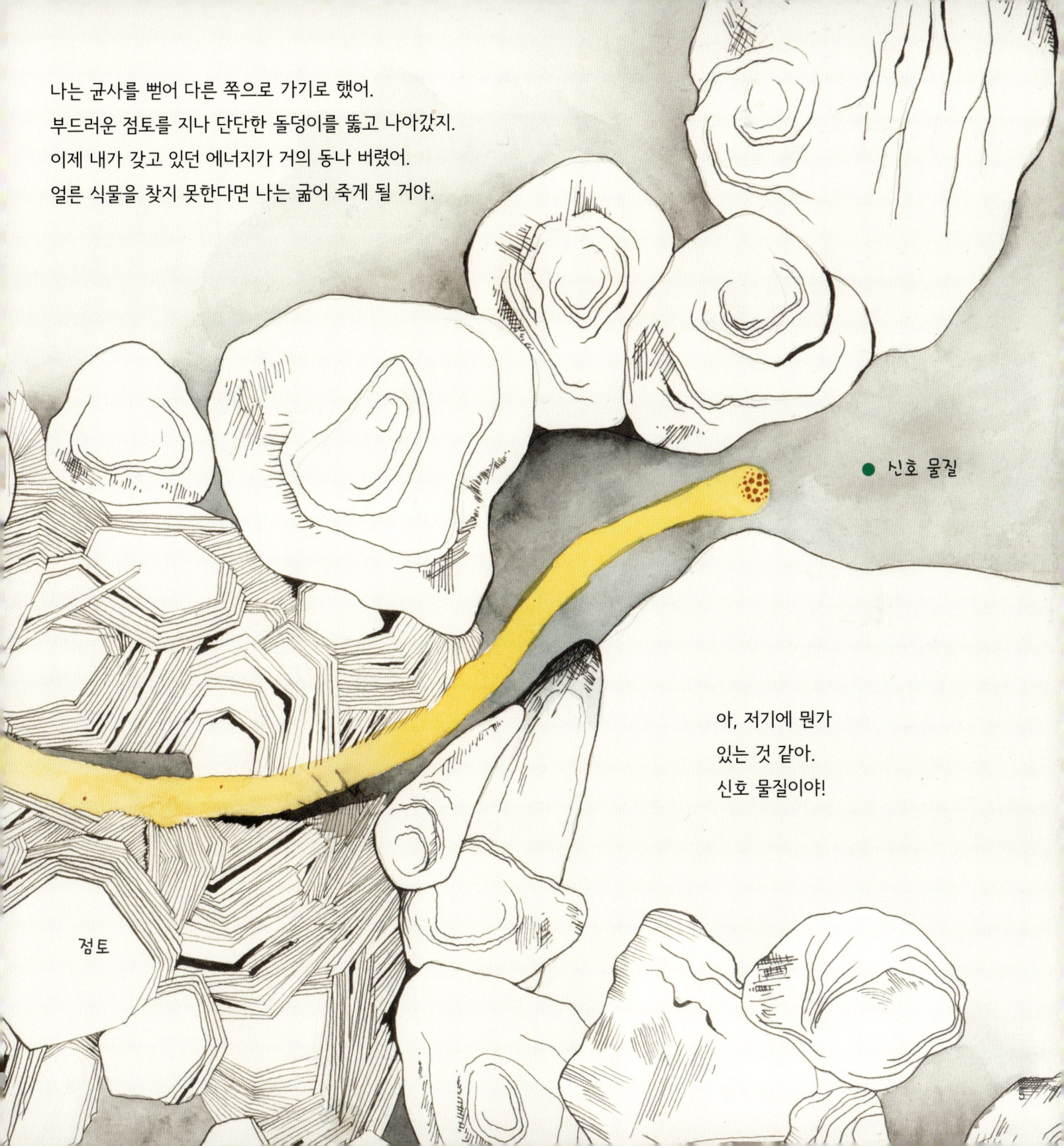

● 신호 물질

아, 저기에 뭔가
있는 것 같아.
신호 물질이야!

점토

이게 꿈은 아니겠지.
신호 물질이 여기 또 있어.
이건 식물이 근처에 있다는 뜻이야.
그것도 내가 좋아하는 어린나무 뿌리가!
힘이 마구마구 솟는걸!

나는 남은 힘을 모아 균사 끝을 여럿으로 나누어
한 가닥, 또 한 가닥, 마지막으로 하나 더 새로 뻗었지.
나무뿌리에 닿기 위해서야.

나무뿌리

나무뿌리
세포

신호 물질
(스트리고락톤)

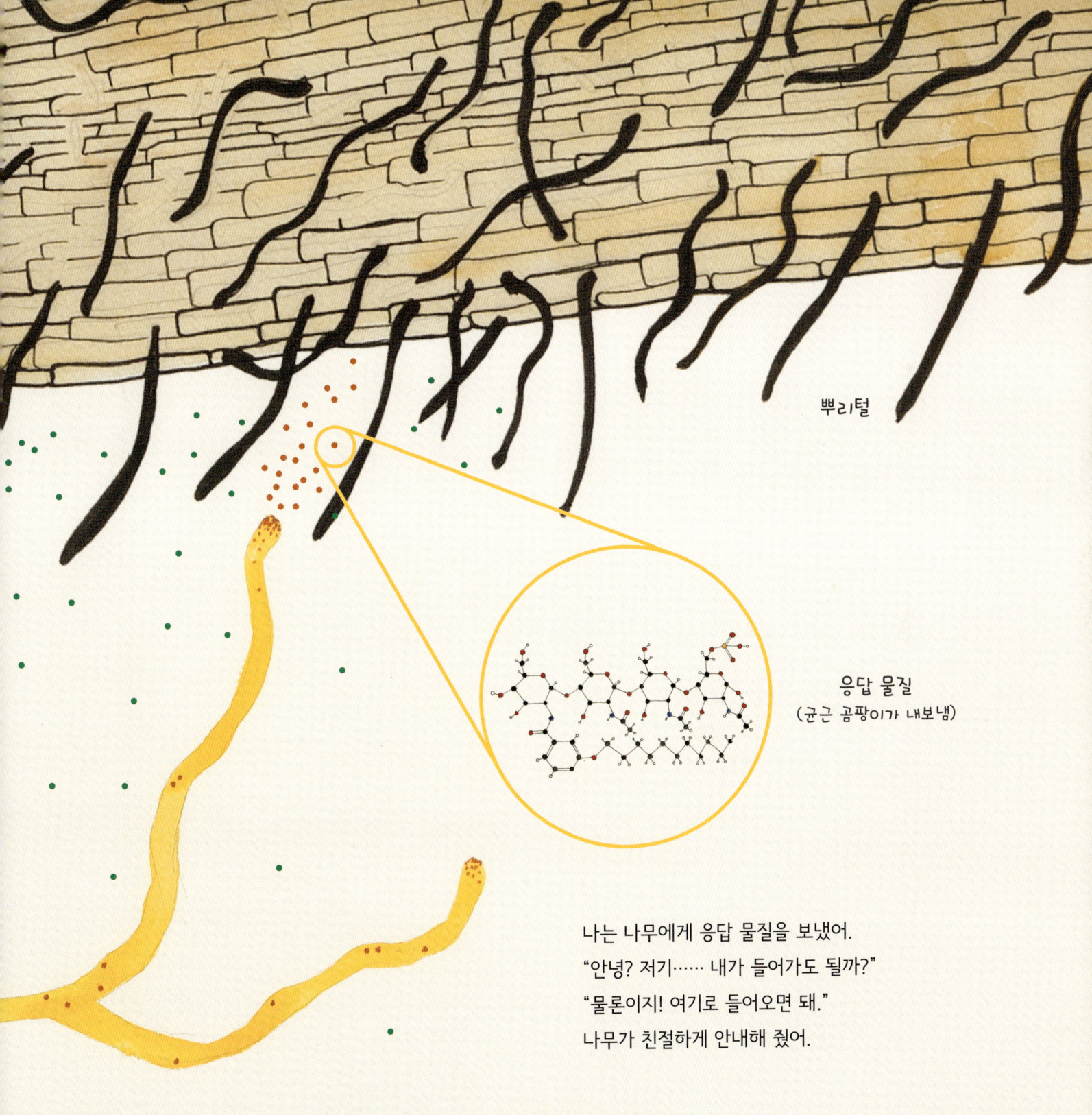

뿌리털

응답 물질
(균근 곰팡이가 내보냄)

나는 나무에게 응답 물질을 보냈어.
"안녕? 저기…… 내가 들어가도 될까?"
"물론이지! 여기로 들어오면 돼."
나무가 친절하게 안내해 줬어.

나무뿌리 세포

나는 균사를 뻗어 뿌리에 연결한 다음 뿌리껍질에 작은 지지대를 지었어.

그리고 나무가 알려 준 통로를 따라서 뿌리 세포 속으로 들어갔지. 그 작은 방은 내게 알맞은 곳이었어.

그 세포 속에서 나는 균사를 가지처럼 계속 뻗어 나갔어.
이윽고 나는 나무 속의 작은 나무처럼 되었어.

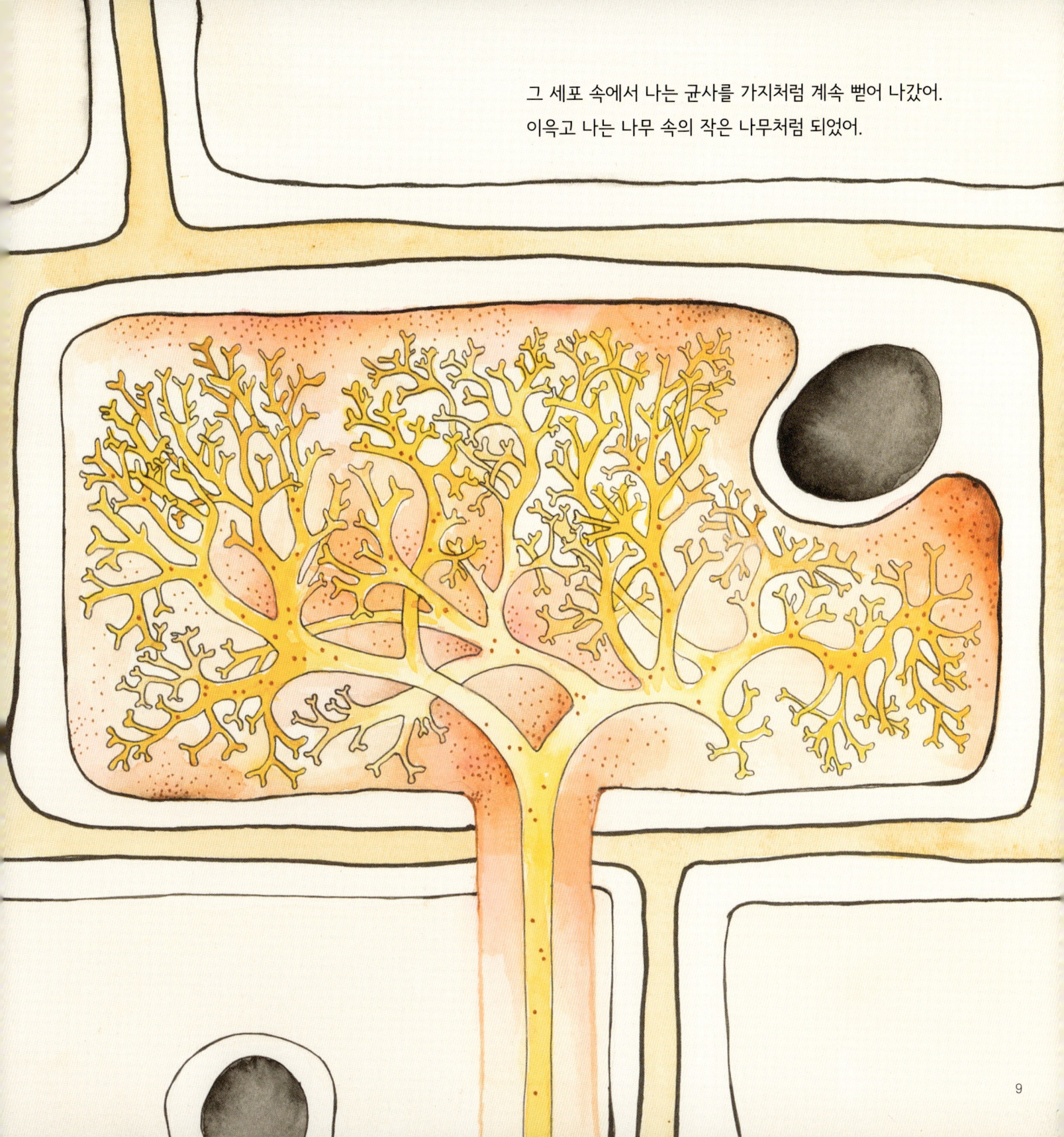

나에게 세포를 내어 준 어린나무는
몹시 메마른 땅에서 힘겹게 홀로 서 있었어.
"나는 카카오나무 브로마야."
나무는 이렇게 얘기하며 내게 당분을 보내 줬어.
당분을 먹으니 힘이 났지.

"내가 네게 계속 음식을 줄게. 너도 나 좀 도와줄래?
나는 영양분과 물이 필요해. 그게 없으면
우리 둘 다 죽고 말 거야."
"최선을 다해 볼게." 나는 약속했지.

나는 틈이 너무 좁아 브로마가 뿌리를 뻗기 힘든 땅속으로
길게 균사를 뻗어 나갔어. 마침내 브로마에게 필요한
물과 영양분을 찾아냈지. 그런 다음 내가 찾은 것들을
균사를 통해 브로마에게 보내서 배불리 먹게 했어.

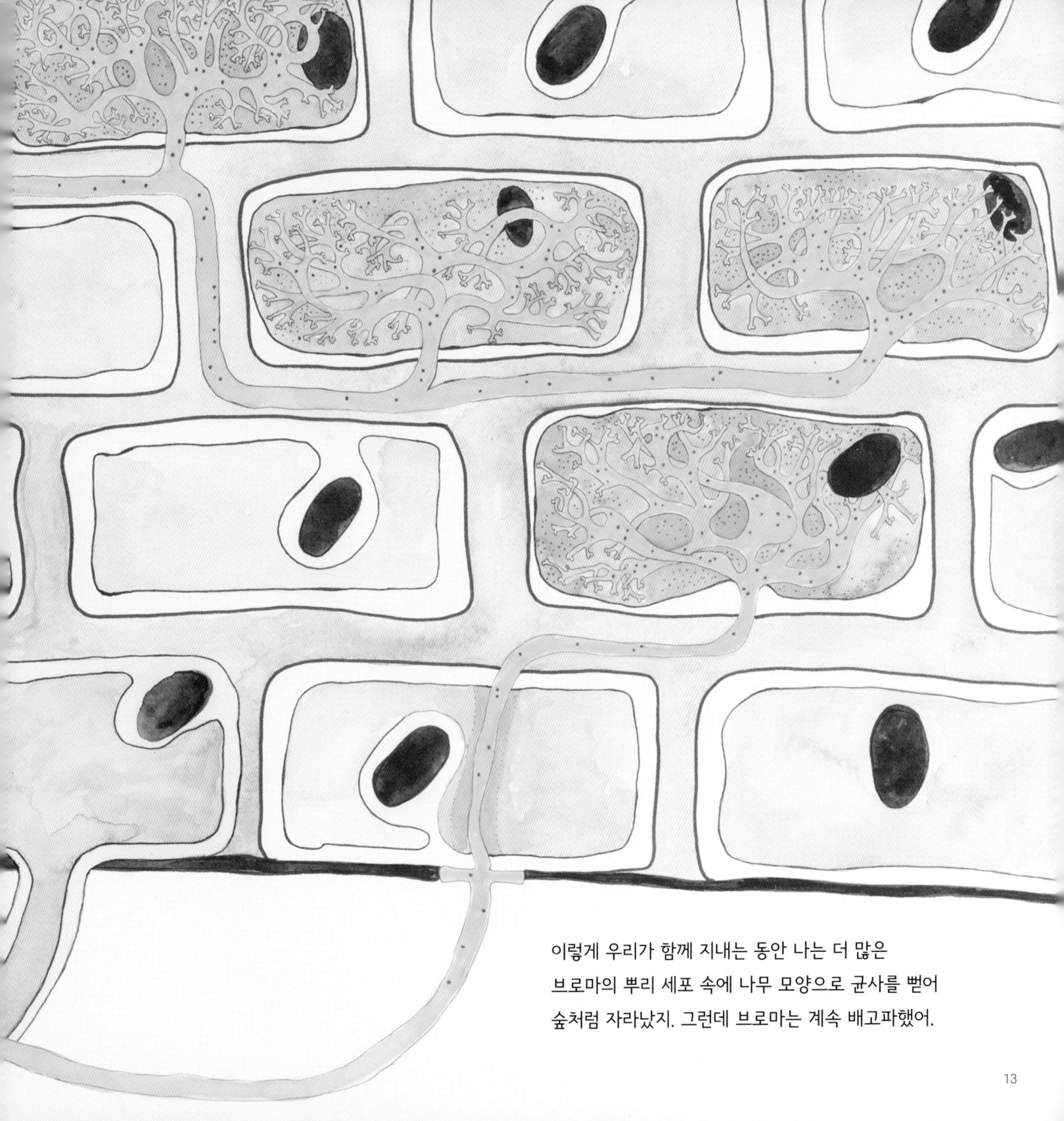

이렇게 우리가 함께 지내는 동안 나는 더 많은
브로마의 뿌리 세포 속에 나무 모양으로 균사를 뻗어
숲처럼 자라났지. 그런데 브로마는 계속 배고파했어.

나는 계속 더 먼 흙 속으로 균사를 뻗어 나갔어.
마침내 실의 끝에서 무언가가 느껴졌어.
"안녕!" 그것이 내게 인사했어.
거기엔 나와 같은 균근 곰팡이가 있었던 거야.
"친구야, 안녕!" 나는 호기심 어린 인사를 건넸지.

우리는 운명인 것처럼 서로를 어루만졌어.
세포벽이 부드러워지다가 흐물흐물해져서
우리는 서로 물질들을 주고받을 수 있었지.
나와 그는 하나가 되었어.
"우리는 글로무스 곰팡이야." 그가 말했고,
"그래, 우리는 글로무스야." 내가 답했어.

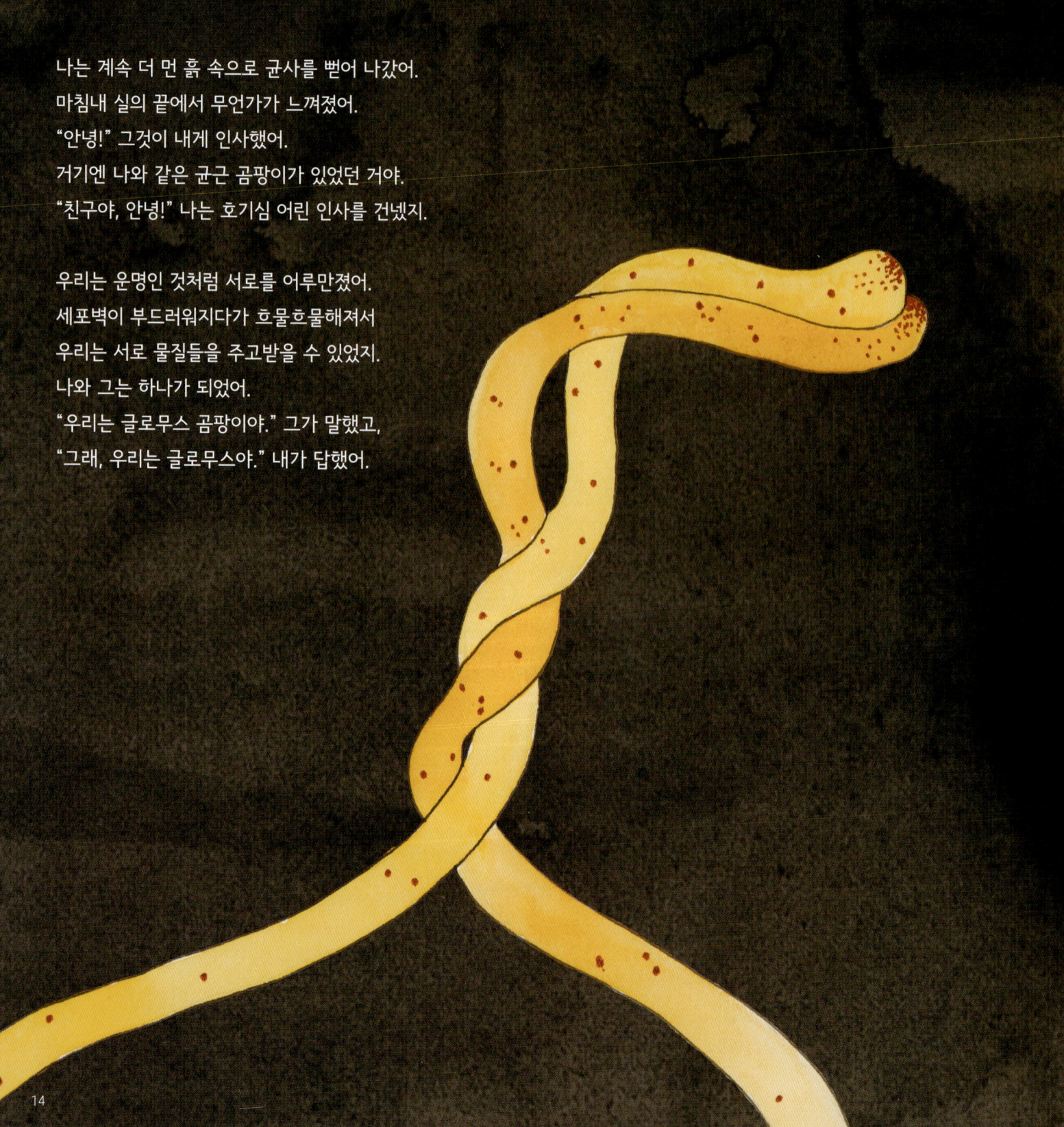

우리는 글로무스

이제 브로마도 많이 자랐어.
브로마의 예민한 뿌리는 계속 자라나 숲 가장자리까지
가서 음식을 찾지. 몇 해 전부터 브로마는 해마다
열매를 맺어서 땅 위로 떨어뜨리고 있어.

글로무스인 우리 곰팡이는 균사를 연결해서 한 번에
굉장히 큰 네트워크를 만들었어. 이것으로 수백 그루의
큰 나무와 여러 어린나무의 뿌리를 이어 줬지.
그리고 뿌리와 뿌리로 물과 영양분을 실어 나르면서
나무들이 가진 것을 서로 나누도록 돕고 있어.

우리는 거대한 숲 네트워크의 중요한 부분이 된 거야.

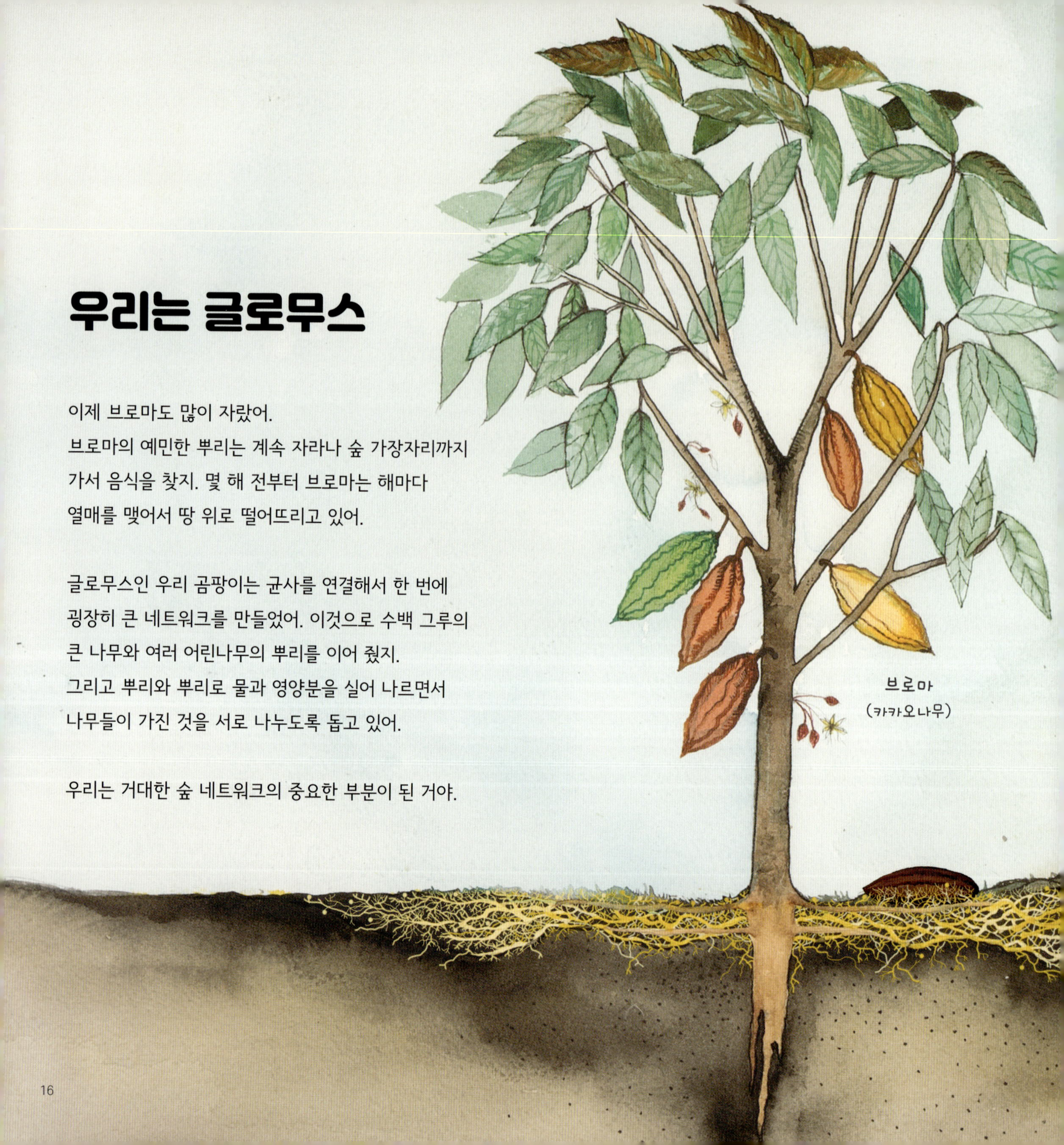

브로마
(카카오나무)

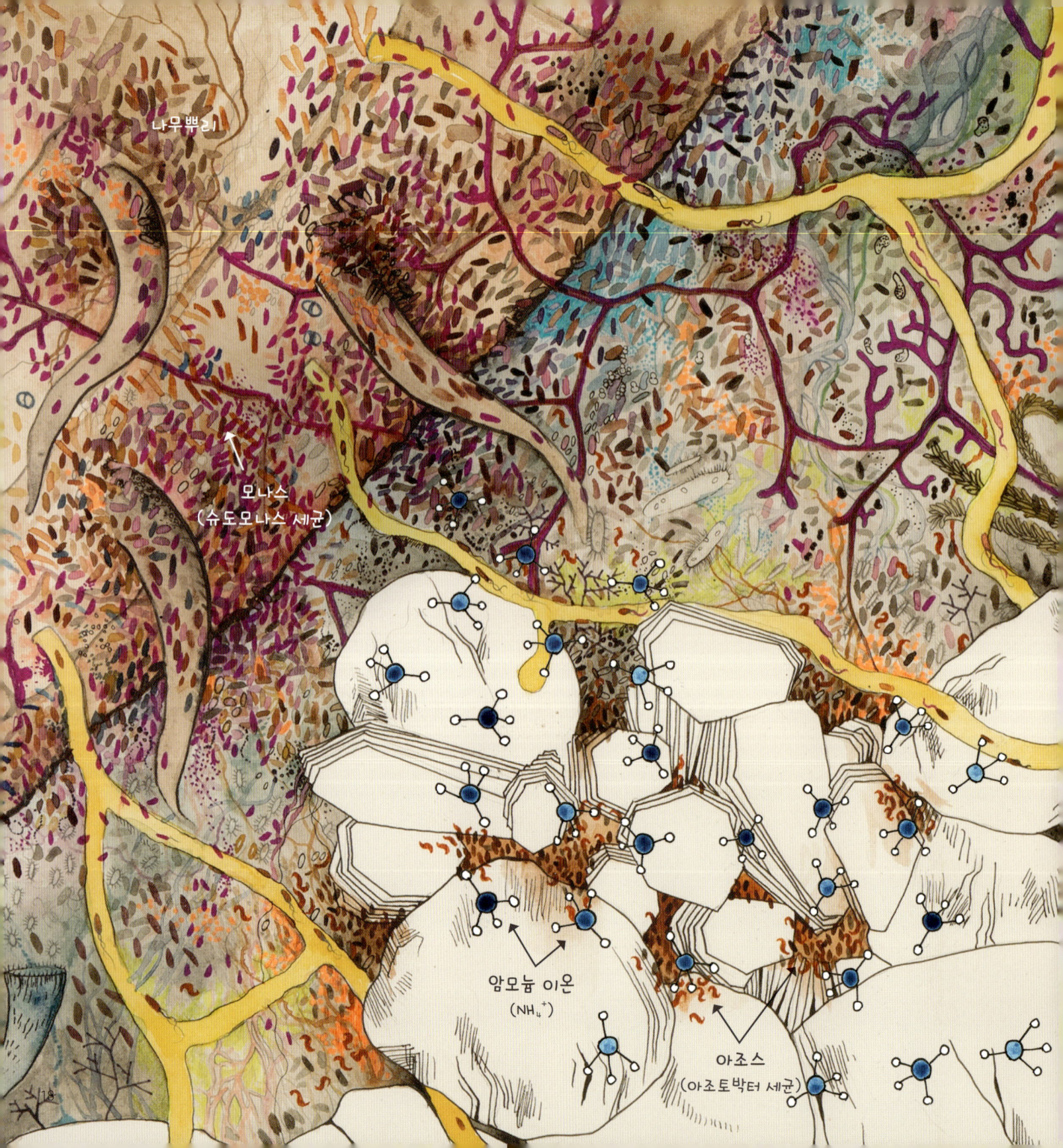

어느 날, 우리의 자그마한 친구 세균들이
브로마의 뿌리를 찾아왔어. 우리가 만든
복잡한 균사 고속도로를 타고 먼 곳에서.

이름이 모나스인 이 세균들은 브로마의 뿌리
둘레에서 커다란 무리를 이루었지. 다른 고약한
미생물들이 브로마의 뿌리로 다가올 때마다
모나스들이 길을 막고 공격을 막아 내고 있어.

이름이 아조스인 세균들도 브로마를 도와줘.
아조스는 공기에서 질소(N)를 가져다가 브로마가
맛있게 먹을 수 있는 암모늄 이온으로 바꾸거든.

글로무스

세균과 곰팡이 친구들은 땅에 떨어진
잎사귀와 나무껍질을 부지런히 분해해서
모두가 맛있게 먹을 수 있는 부식토도 만들고
흙 속에 작은 공기 주머니도 여럿 만들었어.

우리 글로무스는 행복하게 지내고 있어.
이곳엔 이름이 액티노인 또 다른 세균 친구도 있는데,
액티노에겐 시커먼 부식토 냄새를
맛있는 흙냄새로 바꾸는 기막힌 능력이 있지.
우리는 친절한 세균 친구들과 힘을 합쳐
생명체들이 살아가기 좋도록 흙을 기름지게 만들고 있어.
이렇게 우리는 함께 땅과 하나가 되어 살아가지.

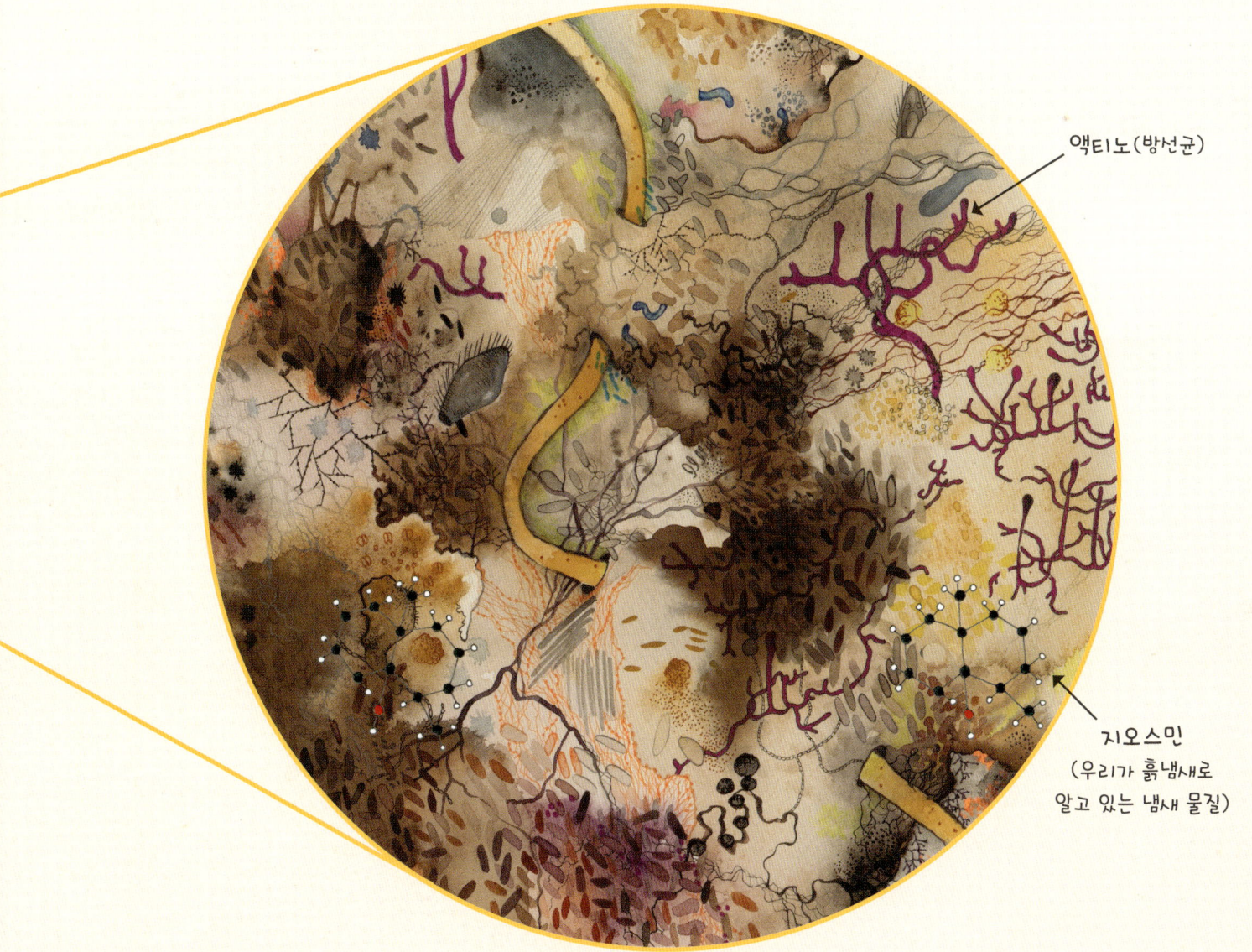

액티노(방선균)

지오스민
(우리가 흙냄새로
알고 있는 냄새 물질)

어느 날 주변을 탐색하던 우리의 균사가 우연히
오랫동안 굶주린 아기 나무들을 찾아냈어.
아기 나무들은 브로마가 있는 안전한 숲에서 멀리
떨어진 곳에 있었지. 이 얘기를 들은 브로마는 깜짝
놀랐어. 세상에, 브로마의 아기들이었던 거야.

우리는 그물처럼 뻗어 있는 균사를 통해
그 아이들에게 물과 당분을 보내 줬어.
그런데 아기 나무들은 다른 것도 원했어.
"인(P), 인을 주세요!" 이렇게 외쳤지.

우리는 오랜 친구인 틸리스에게
균사를 뻗었어. 그 세균들은 여전히
석영을 녹여서 인을 뽑아내고 있었어.
"근처에 있는 아기 나무들이 전할 말이 있대.
너희들이 인을 주면 당분으로 보답하겠다는 거야."
우리는 틸리스들에게 말했어.

틸리스들은 기뻐하며 브로마의 아이들에게
인을 주었어. 그리고 아기 나무들이 전해 준
당분을 먹기 위해 모여들었지.

모든 일이 잘 풀렸어.

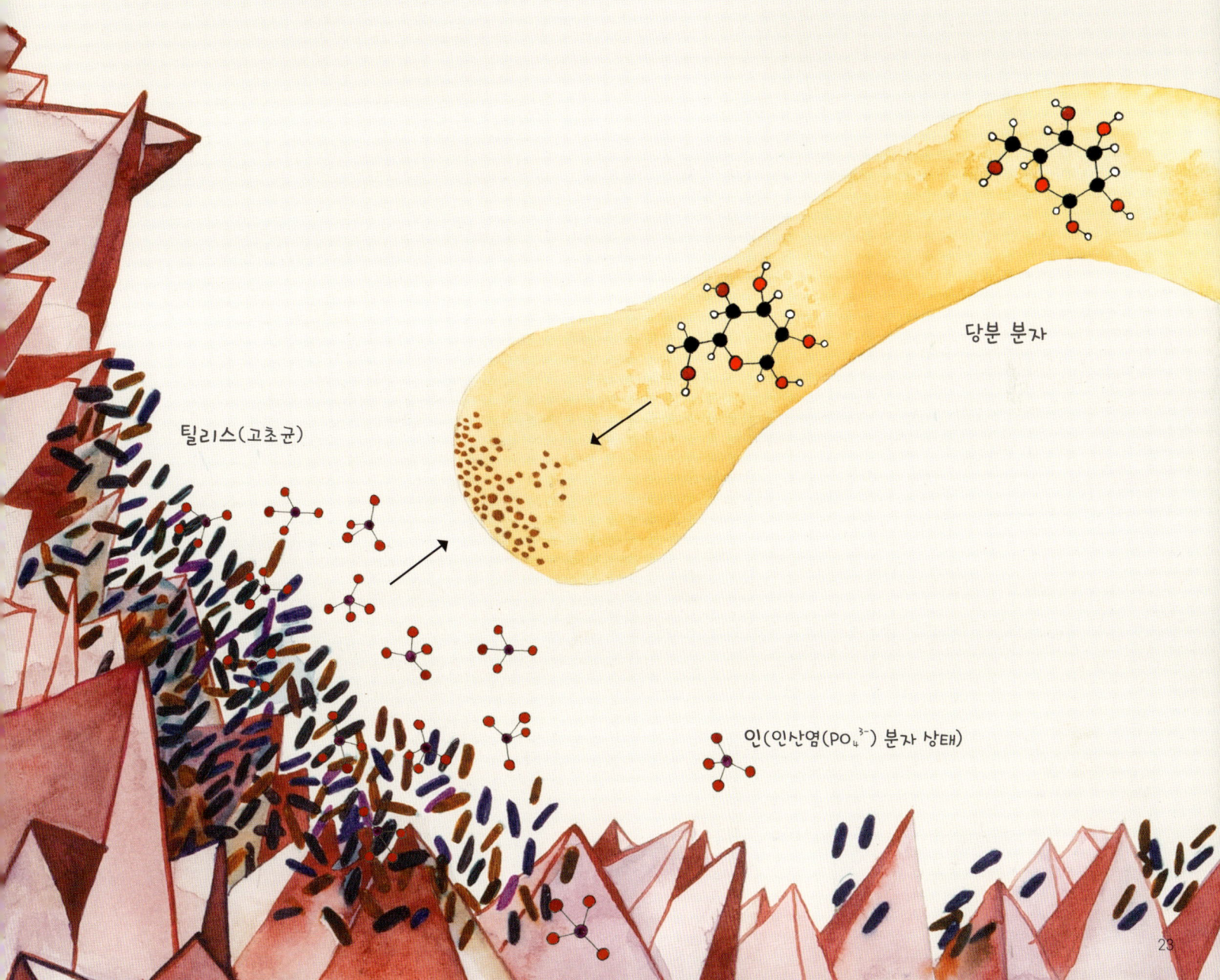

틸리스(고초균)

당분 분자

인(인산염(PO_4^{3-}) 분자 상태)

그해 여름엔 비가 내리지 않았어.
지표면을 뚫고 쏟아져 들어오는 뜨거운 열기를
우리도 느낄 수 있었지. 아기 나무들은 목말라했어.
"물! 물을 가져다줘요!"
나무뿌리들이 부탁했어.

우리는 균사 네트워크 주변 흙 속에 남아 있던
물을 찾아서 아기 나무들에게 주었어.
하지만 아기 나무들이 겨우 죽지 않을 만큼뿐이었지.
아이들에겐 더 많은 물이 필요했어.
그렇게 몇 주가 흘렀어. 우리는 점점 초조해졌어.

물 분자

아기 나무들은 아주 빠르게 지쳐 갔어.
그 아이들의 뿌리 둘레엔 우리와 세균 같은
작은 미생물 친구들이 충분히 있지 않았기 때문이야.

아기 나무가 있는 곳의 흙이 말라서 단단해졌어.
아이들의 뿌리는 서로 가까이 모여들었지.

이윽고 아기 나무들이 비명을 지르기 시작했어.

우리는 죽을힘을 다해 흙에서 물을 모았어.
미생물들이 만들어 놓은 수분 오아시스를 발견할 때마다
아기 나무들에게 물을 날라다 주었지.

그런데 여러 미생물들이 오아시스 만들기를 멈췄어.
세균에게도 상황이 안 좋게 돌아가고 있었던 거야.

틸리스는 석영에서 인을 뽑아내기 위해 물이 필요해.
그러니 인을 공급하는 일도 서서히 멈출 수밖에.
수십억 마리의 액티노들도 일을 멈추고 가만히 있어.
아조스 무리는 모두 잠든 듯 동작을 멈추어 버렸지.
모나스들은 수백만 마리씩 죽어 나가고 있어.

나무가 목마르다고 질러 대는 비명이
뿌리를 통해 전해져서 우리 주변에서 울리고 있어.

고통스러워하던 아기 나무 한 그루가
이내 조용해졌어. 브로마는 한 아이가
숨을 거두었다는 걸 알았지.
정말 슬픈 일이었어.

우리는 브로마를 안아 줬어.
서로 연결된 숲 네트워크 전체가 함께
브로마를 둘러 안았지.

우리는 하나가 되어 죽음을 지켜보았어.

마침내 흙이 식기 시작해.
비가 내리는 걸까?

맞아! 가느다란 물줄기가 우리를 둘러싼
어둠 속으로 조금씩 스며들기 시작했어.

빗물을 빨아들인 나무뿌리들이
하늘에 감사해하며 목마름을 해소하고 있어.
세균들도 이제 움직이기 시작해.

우리는 아기 나무들 쪽으로 균사를 뻗었어.
지금껏 수많은 나무가 생명을 이어 갈 수 있도록 도왔지만
한 아기 나무만은 살리지 못했지. 뜨겁고 메마른
바람 속에서 그 아이는 땅 위로 쓰러지고 말았어.

죽은 아기 나무에게로 미생물 수십억 개가 모여들었어.
그 아이를 분해해서 비옥한 흙으로 되돌려 주기 위해서야.

이제 살아남은 브로마의 아이들은
더 많은 음식과 더 넓은 공간을 갖게 될 거야.

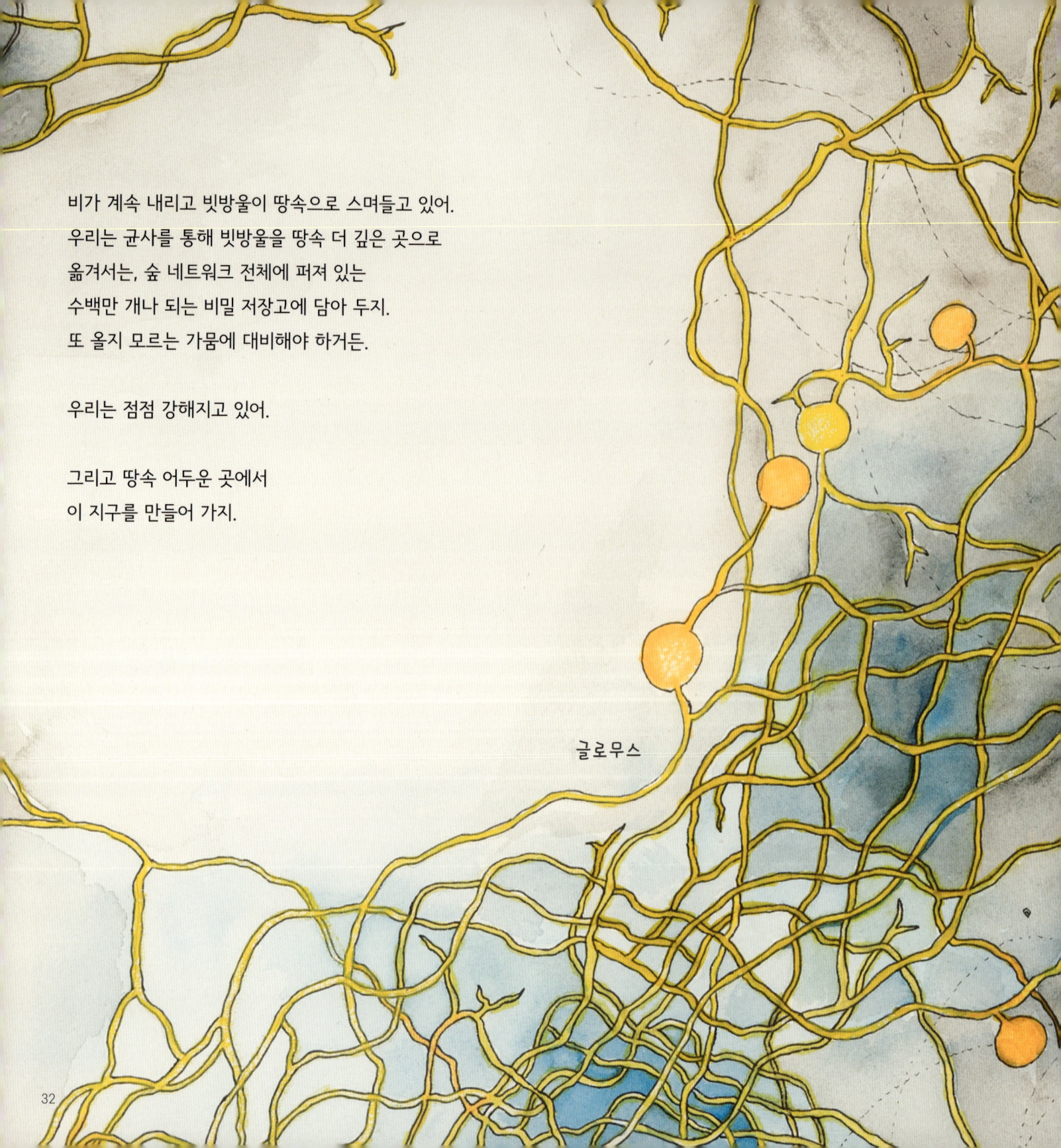

비가 계속 내리고 빗방울이 땅속으로 스며들고 있어.
우리는 균사를 통해 빗방울을 땅속 더 깊은 곳으로
옮겨서는, 숲 네트워크 전체에 퍼져 있는
수백만 개나 되는 비밀 저장고에 담아 두지.
또 올지 모르는 가뭄에 대비해야 하거든.

우리는 점점 강해지고 있어.

그리고 땅속 어두운 곳에서
이 지구를 만들어 가지.

글로무스

이야기 속 과학 원리

쉽게 이해하는
나무와 미생물의
공생

식물은 태양 에너지를 영양분으로 바꿔.

균근 곰팡이와 식물이 에너지, 영양분, 물을 주고받아.

세균은 영양분을 재활용해.

땅속에선 무슨 일이?

모든 생명체는 에너지, 영양분, 물이 있어야 살아갈 수 있어. 그래서 식물과 균근 곰팡이와 땅속 미생물(주로 세균)은 공생 관계를 맺고서 지난 4억 년 동안 함께 살아왔어.

식물(브로마)

식물은 태양 에너지를 이용해 이산화탄소와 물을 당분(포도당)과 지방으로 바꿀 수 있어. 하지만 식물이 땅에서 질소와 인 같은 영양분을 얻으려면 도움이 필요해. 그래서 식물은 에너지가 풍부한 당분을 세균과 균근 곰팡이에 주고 대신 물과 영양분을 받지.

균근 곰팡이(글로무스)

균근 곰팡이는 실처럼 생긴 균사를 식물 뿌리에서 시작해 몇 킬로미터나 떨어져 있는 흙 속으로 뻗어. 균사를 이용해 숨어 있는 물과 영양분을 찾아 빨아들여서 식물에 전달하고, 그 대가로 에너지가 풍부한 당분과 지방을 식물 뿌리를 통해 받지. 식물로서는 뿌리가 아주아주 넓게 퍼진 거나 마찬가지니 얼마나 좋겠어. 식물과 균근 곰팡이가 이룬 그물 같은 네트워크에서는 세균과 같은 다른 미생물도 함께 살면서 땅에서 얻은 무기물 영양소를 주고 식물이 만든 에너지를 얻어 가.

세균(틸리스, 모나스, 아조스, 액티노)

세균과 균근 곰팡이와 몇몇 미생물은 석영 같은 광물과 유기물(예를 들면 죽은 곤충, 낙엽)을 분해하면서 질소나 인처럼 소중한 영양소를 만들어 흙으로 돌려보내. 이 중요한 물질 순환 과정에서, 식물과 균근 곰팡이는 에너지가 풍부한 당분을 세균과 나누면서 힘을 합치지.

식물: 땅을 살리는 에너지 발전소

화석 연구를 통해, 식물이 5억 년 전에 단세포 바다 녹색조류에서 진화했다는 사실이 밝혀졌어. 바다와 달리 메마른 육지에서 살아남기 위해 녹색조류는 균류와 박테리아를 함께 살아갈 친구로 삼았지.

그때부터 식물과 균류와 세균은 새롭고 다양한 방식으로 함께 진화해 왔어. 덕분에 숲, 초원, 정원, 도시공원을 비롯한 육지의 거의 모든 곳에서 번성할 수 있었어.

태양에서 온 에너지

식물은 광합성을 통해 태양 에너지를 화학 에너지로 바꿔.

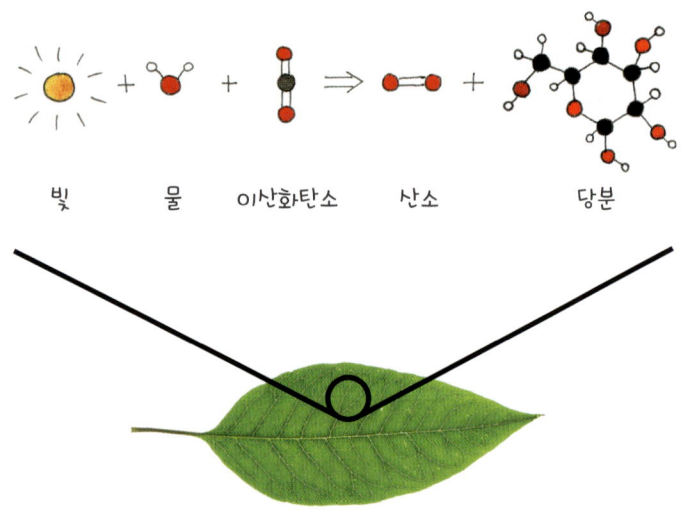

식물은 흙 생태계 안의 거의 모든 활동을 가능하게 하는 에너지 발전소야.

흙에서 얻은 음식

식물에 필요한 가장 중요한 무기물 영양소는 인(P)과 질소(N)야. 이 두 가지만큼은 아니지만 포타슘(K), 황(S), 칼슘(Ca), 마그네슘(Mg), 아연(Zn) 같은 영양소도 필요하지.

"나무가 목마르다고 질러 대는 비명이
뿌리를 통해 전해져서 우리 주변에서 울리고 있어."(27쪽)

여러 식물이 소리를 내기도 하고 소리에 반응하기도 한다는 연구 결과들이 쌓이고 있어. 가뭄처럼 식물이 물 스트레스를 받는 때에 몇몇 식물에서는, 이야기에서 '비명'이라고 묘사한 초음파 진동이 관찰된대.

"우리는 그물처럼 뻗어 있는 균사를 통해
그 아이들에게 물과 당분을 보내 줬어."(22쪽)

땅 위에서 보면, 거의 모든 식물이 공간과 햇빛과 영양분을 차지하기 위해 서로 경쟁하는 것처럼 보여. 하지만 땅속에서는 서로 연결되어 있을 때가 많아. 그물처럼 뻗어 있는 균근 곰팡이를 통하거나, 이웃한 식물의 뿌리를 통해서 직접 에너지와 영양분과 물을 서로 나누지. 이렇게 함께하면서, 식물들은 숲이나 초원처럼 더 안전하고 더 잘 회복하는 마을을 이루고 살아.

카카오나무 (카카오속 카카오)

신들의 음식

카카오나무는 아마존 우림에서 살던 작은 나무야. 카카오속의 학명인 테오브로마(*Theobroma*)는 그리스어로 '신'을 뜻하는 테오스(theos)와 '음식'을 뜻하는 브로마(broma)를 합친 말로 '신의 음식'이라는 뜻이지. '카카오'라는 이름은 카카우(kakaw)라는 마야어에서 유래했어.

야생 카카오나무는 열대 우림의 키 큰 나무들 아래서 자라. 이와 달리 이야기에서 만난 브로마는 숲 가장자리에서 자라기 시작했지. 근처 나무들이 제공하는 안전한 그늘과 습기 바깥에서 말이야. 이처럼 살아가기 힘든 조건에서는 균근 곰팡이와의 협력이 훨씬 더 중요해.

카카오나무 꽃에선 '코코아 콩'이라고 불리는 씨앗이 20~60개 들어 있는 열매가 맺혀. 고대 마야에서는 코코아 콩으로 음료를 만들었지만, 요즘엔 대부분 초콜릿을 만들지. 오늘날 카카오나무는 적도 지역의 여러 나라에서 재배되고 있어. 코트디부아르와 가나를 비롯한 서아프리카에서 전 세계 코코아 콩의 절반쯤을 생산하지. 어쩌면 미래에는 초콜릿을 먹기 힘들지도 몰라. 해충과 나무 전염병이 퍼지는 데다, 기후 변화 때문에 가뭄도 늘고 있기 때문이야.

과학적인 생물 분류 체계에서 브로마의 자리는 어디일까?

역: 진핵생물
계: 식물(원시색소체생물)
군: 속씨식물
군: 진정쌍떡잎식물
군: 장미
목: 아욱
과: 아욱
속: 카카오
종: 카카오

놀라운 균근 곰팡이

균근 곰팡이는 지구 생태계에서 탄소를 비롯한 여러 영양소가 순환하는 데 중심 역할을 해. 균근 곰팡이는 비가 온 뒤 땅 위로 솟아나는 버섯으로 가장 잘 알려져 있지. 하지만 거의 모든 균근 곰팡이는 우리 눈에 띄지 않는 땅속에서 한평생을 보내.

곰팡이는 에너지를 얻는 방식에 따라 아래처럼 나뉘어.
- **부생 곰팡이**: 죽은 생물의 몸을 분해하여 에너지를 얻지.
- **기생 곰팡이, 병원성 곰팡이**: 살아 있는 생명체(식물과 동물 모두)를 공격하여 에너지를 빼앗아 와.
- **공생 곰팡이**: 식물과 서로 도우면서 뿌리를 통해 에너지를 나눠.

*"나는 작은 균근 곰팡이 포자야.
나는 지금 위태로워. 생명을 지켜 줄 음식인
지방과 당분이 며칠 뒤면 바닥나거든."(2쪽)*

포자는 균근 곰팡이의 생애에서 처음이기도 하고 끝이기도 해. 균근 곰팡이는 포자를 이용해 번식하니까, 포자는 식물의 씨앗과 비슷한 역할을 하는 셈이야. 포자는 물질대사를 느리게 하여 아주 오랫동안 땅속에서 잠을 잘 수 있어. 그러다가 식물이 보낸 신호나 물에 반응해 깨어나지. 균근 곰팡이 포자는 크기와 무게가 다양해. 가벼운 것은 바람이나 비에 실려 이동하고, 무거운 것은(예를 들면 글로무스) 동료 식물의 뿌리를 찾아 균사를 흙 속으로 넓게 퍼트리며 자라나지.

*"균사를 틔운 다음 음식을 찾아 이리저리
몸을 구부리면서 모래 알갱이 사이를 지나왔어."(2쪽)*

글로무스를 비롯한 거의 모든 균근 곰팡이는 균사를 뻗어서 자라고 여행하지. 균사는 세포들이 빨대 모양으로 실처럼 가늘고 길게 이어져 있는 거야. 균근 곰팡이는 흙 알갱이 사이 작은 틈으로 균사를 내어서 몇 킬로미터나 되는 네트워크를 이룰 수 있어. 그 네트워크를 '균사체'라고 부르지. 균사가 자라는 방향과 속도는 균사 끝부분에 있는 작은 조직이 조절해. 그 부분을 '생장점'이라고 불러.

균근 곰팡이

균근은 '균(菌, 곰팡이)'과 '근(根, 뿌리)'을 합친 말로, 식물 뿌리와 공생 관계를 맺고 살아가는 곰팡이를 뜻해. 균근 곰팡이 균사는 뿌리와 주로 두 가지 방식으로 관계를 맺어. 하나는 뿌리를 바깥에서 그물처럼 둘러싸고서 뿌리 세포 속으로는 들어가지 않고 세포와 세포 사이에만 들어가는 것이고(이걸 '외생균근'이라고 불러), 다른 하나는 글로무스처럼 뿌리 세포 속으로 들어가 자라는 거지(이건 '내생균근'이라고 불러).

모든 균근 곰팡이는 에너지가 풍부한 탄소를 뿌리에서 얻고, 그 대가로 흙에서 얻은 물과 영양분을 식물에 주지. 이 관계는 식물과 균근 곰팡이가 서로를 함께 살아갈 이로운 상대로 알아차리고 아주 오랫동안 정교하게 발달시켜 온 거야.

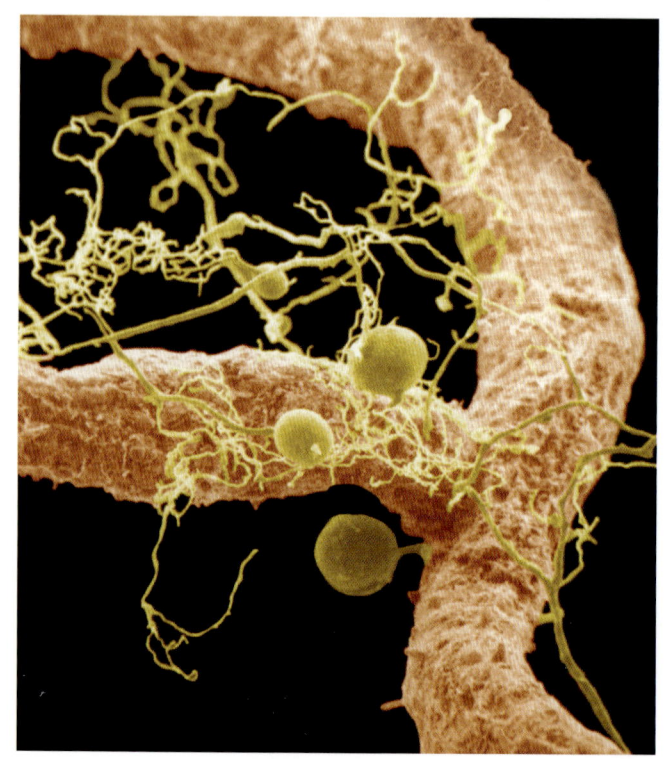

전자 현미경으로 본 뿌리 둘레의 균근 곰팡이 균사와 포자

글로무스가 브로마를 만났을 때

글로무스는 균류에서 가장 오래된 종류 가운데 하나인 '취균류'야. 취균류는 전체 육지 식물의 3분의 2가 넘는 종과 공생 관계를 맺고 있어. 지구에서 가장 중요한 공생 관계라 할 만하지.

"저기에 뭔가 있는 것 같아.
신호 물질이야! …… 힘이 마구마구 솟는걸!"(5-6쪽)
균근 곰팡이는 특별한 화학 신호를 알아차릴 수 있어. 식물 뿌리에서 나오는 '스트리고락톤'이라는 신호 물질을 말이지. 이 물질은 이제 막 움이 트기 시작한 균근 곰팡이 포자가 식물 쪽으로 균사를 그물처럼 뻗도록 유도하지.

"그 세포 속에서 나는 균사를 가지처럼 계속 뻗어 나갔어.
이윽고 나는 나무 속의 작은 나무처럼 되었어."(9쪽)
뿌리 세포 안으로 들어간 글로무스 균사는 작은 나무 모양으로 자라나. 그렇게 자란 균사를 통해 식물과 균근 곰팡이는 영양분을 주고받지. 이처럼 뿌리 세포 속에서 작은 나무 모양으로 균사를 발달시키는 균근 곰팡이를 '수지상균근'이라고 불러('수지상'은 '나뭇가지 모양'이라는 뜻).

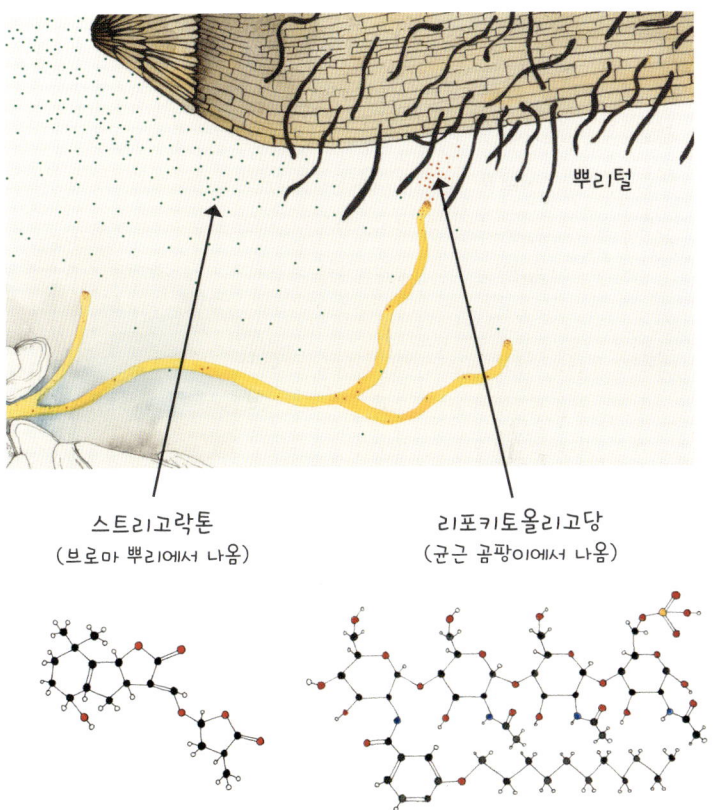

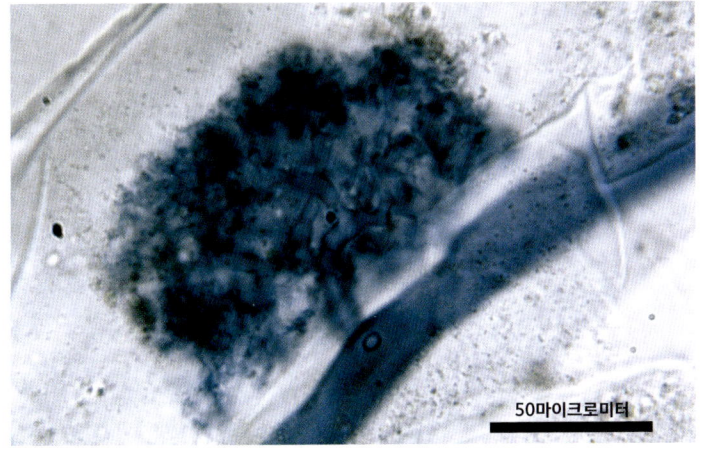

나무 모양으로 자란 균사

"나는 나무에게 응답 물질을 보냈어. '안녕?
저기…… 내가 들어가도 될까?' '물론이지!
여기로 들어오면 돼.' 나무가 친절하게 안내해 줬어."(7쪽)
식물이 보낸 신호에 응답하여 균근 곰팡이는 반갑다는 인사로 균사에서 '리포키토올리고당'이라는 화학 물질을 내보내. 식물이 이 응답을 좋게 받아들인다면 균근 곰팡이 균사가 뿌리 속으로 들어올 수 있도록 통로를 열어 주지.

과학적인 생물 분류 체계에서 글로무스의 자리는 어디일까?

역: 진핵생물	목: 글로무스
계: 균(균류)	과: 글로무스
문: 취균	속: 글로무스
강: 취균	

작지만 엄청나게 센 친구들

흙에는 바이러스, 고세균, 곰팡이, 원생동물, 세균을 비롯해 수많은 종류의 미생물이 살고 있어. 과학자들이 측정해 보니, 건강한 흙 한 줌 속에 전 세계 인구보다 더 많은 수의 세균이 들어 있었대! 세균은 유기물(생명체를 이루고 있는 물질)과 광물을 잘게 부수고, 분해하고, 소화해서 다른 생명체들이 자라는 데 사용할 수 있는 물질로 만들 수 있어. 이 책 속 이야기에는 흙 생태계에서 중요한 역할을 하는 네 가지 세균이 등장해.

틸리스: 암석 부수기 강자

"작고 강한 틸리스들이 물방울을 이용해 모래 속 석영 조각에서 인(P)을 뽑아내고 있는 거야."(4쪽)

인(P)은 식물을 자라게 하는 핵심 영양소야. 흙 속에서 인 원자는 보통 산소 원자 4개랑 결합한 인산염(PO_4^{3-}) 분자 상태로 있어. 인산염은 너무 강하게 결합해 있는 분자라서 거의 모든 식물과 균류는 거기서 인을 뽑아 쓰지 못해. 하지만 틸리스(고초균, *Bacillus subtilis*) 같은 세균은 효소나 산을 내보내 인산염에서 인을 분리하지. 덕분에 식물과 균류가 인을 흡수할 수 있는 거야.

아조스: 질소 붙잡기 강자

"아조스는 공기에서 질소(N)를 가져다가 브로마가 맛있게 먹을 수 있는 암모늄 이온으로 바꾸거든."(19쪽)

단백질은 모든 생명체의 세포에서 핵심 역할을 해. 그런데 질소가 없다면 단백질을 만들 수 없어. 질소 분자(N_2)는 지구 공기의 78퍼센트를 차지하고 있지만, 식물은 질소 분자를 이용할 수 없어. 하지만 몇몇 세균과 고세균에게는 공기 속 질소를 암모늄 이온(NH_4^+)처럼 식물이 이용 가능한 물질로 바꾸는 특별한 능력이 있어. 그런 일을 '질소 고정'이라고 부르지. 몇몇 질소 고정 세균은 콩과 식물의 뿌리 속에 살면서 공생 관계를 맺고 있어. 이와 달리 아조스(아조토박터, *Azotobacter*) 같은 세균은 땅속에서 자유롭게 살면서 공생 관계를 맺지. 이렇게 생산된 암모늄 이온을 식물과 균근 곰팡이가 흡수해서 이용하는 거야.

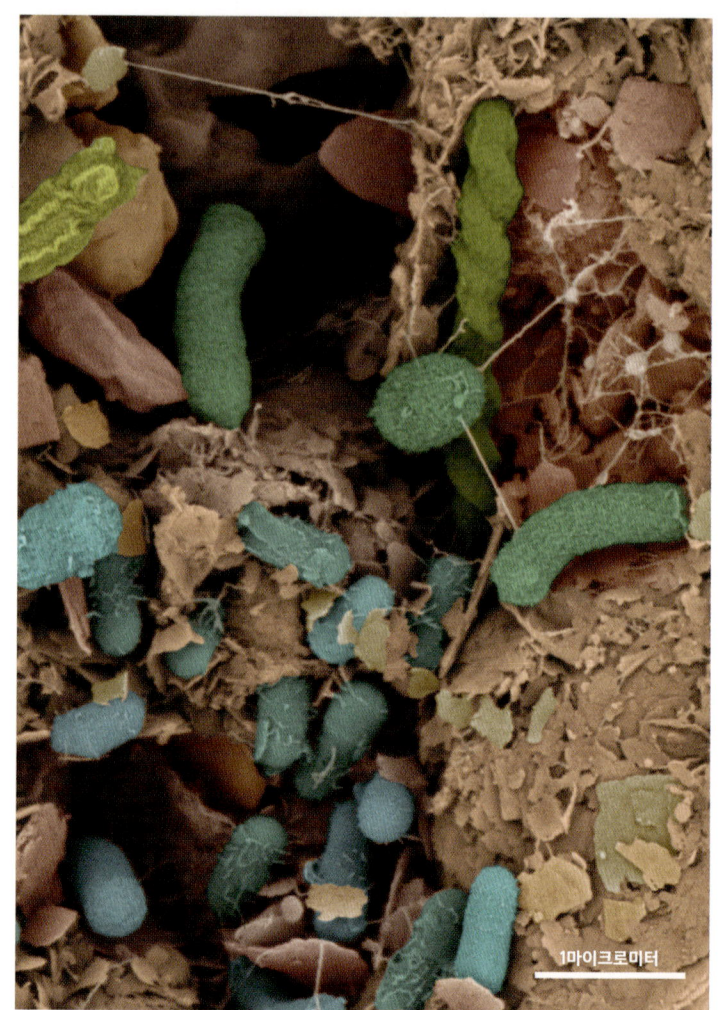

토양 미생물

모나스: 경호의 강자

"고약한 미생물들이 브로마의 뿌리로 다가올 때마다 모나스들이 길을 막고 공격을 막아 내고 있어."(19쪽)

식물은 뿌리에서 가까운(2~3밀리미터 안쪽) 둘레에 당분과 지방과 단백질을 내놓아서 토양 미생물들이 살기 좋은 곳으로 만들어. 그래서 그곳에는 거기서 좀 더 떨어진 다른 곳보다 미생물이 10~100배나 더 많이 살지.

이렇게 음식이 꾸준히 풍부하게 제공되는 곳에 사는 모나스(슈도모나스, Pseudomonas) 같은 세균은 엄청나게 빨리 개체 수를 늘려. 그러고는 식물에 병을 일으키는 미생물을 막아 내는 걸 돕지. 방법은 크게 두 가지야. 하나는 미생물을 막는 성분을 내보내서 유해 미생물을 죽이거나 자라지 못하게 하는 거고, 다른 하나는 식물 호르몬을 내보내서 뿌리와 균근 곰팡이가 잘 자랄 수 있도록 하는 거야.

액티노: 흙 만들기 강자

"액티노에겐 시커먼 부식토 냄새를 맛있는 흙냄새로 바꾸는 기막힌 능력이 있지. …… 생명체들이 살아가기 좋도록 흙을 기름지게 만들고 있어."(21쪽)

액티노(방선균, Actinobacteria)는 유기물을 분해해서 흙(부식토)으로 돌려보내는 과정에서 핵심 역할을 맡고 있어. 유기물 분해에는 긴 시간이 필요해. 세균과 균 수십억 개가 노력하는데도 낙엽 하나를 완전히 분해하는 데 여러 달이 걸릴 정도야. 여러 흙 속 세균과 균은 분해 작업을 시작할 때 굉장히 끈적끈적한 당분과 단백질 분자를 분비해서 한자리에서 달라붙어 일할 수 있도록 하지. 시간이 흐르는 동안 이 끈적끈적한 물질에 흙 속의 다른 것(예를 들면 광물이나 미생물)이 들러붙어서 크기가 250마이크로미터보다 작은 흙 알갱이가 돼. 이 작은 흙 알갱이가 균근 곰팡이 균사 그물이나 기다란 방선균 균사와 같은 흙 속 구조물에 얽히면 크기가 250마이크로미터보다 큰 흙 알갱이가 되는 거야(이게 바로 '부식토'지).

방선균은 의학에서 쓰이는 여러 항생 물질을 비롯해 굉장히 다양한 물질을 만들어. 몇몇 방선균은 '지오스민'이라는 물질을 만드는데, 비 올 때 나는 흙냄새가 바로 그 물질의 냄새야.

식물 뿌리 둘레에 모여든 세균

탄소, 수소, 산소, 질소, 인의 순환

지구에 사는 모든 생명체에는 다섯 가지 핵심 원소가 들어 있어. 바로 탄소(C), 수소(H), 산소(O), 질소(N), 인(P)이지. 이 원소들이 모여서 분자를 이뤄. 예를 들면 이런 거야.

- C+H+O = 포도당($C_6H_{12}O_6$)
- C+O = 이산화탄소(CO_2)
- H+O = 물(H_2O)
- O+O = 산소(O_2)
- P+O = 인산염(PO_4^{3-})
- N+H = 암모늄 이온(NH_4^+)

이 원소들을 필요한 곳으로 옮겨 몸을 만들고 생명을 유지하는 데 드는 에너지는 거의 모두 태양에서 와. 식물이 태양 에너지를 포도당에 담아 두고, 균류가 흙 속 친구들에게 이 포도당을 날라다 주지.

오른쪽 그림은 에너지, 물, 원소들이 흙 생태계에서 어떻게 순환하는지 보여 주고 있어.

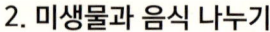

2. 미생물과 음식 나누기

식물은 뿌리를 통해 포도당을 꾸준히 흙으로 내보내. 세균, 고세균, 균류는 그걸 먹기 위해 뿌리 둘레에 모여들지. 미생물은 당분 에너지를 먹고 이용한 뒤 이산화탄소(CO_2)를 내놓아.

3. 흙 속 먹이 사슬

세균과 곰팡이 같은 작은 생명체가 더 큰 생명체의 먹이가 되는 과정이 되풀이되어 일어나. 포식자는 에너지와 필요한 원소를 소화 흡수한 뒤 남은 것을 배설하는데, 여기에 들어 있는 인과 질소를 비롯한 영양소가 흙으로 돌아가지.

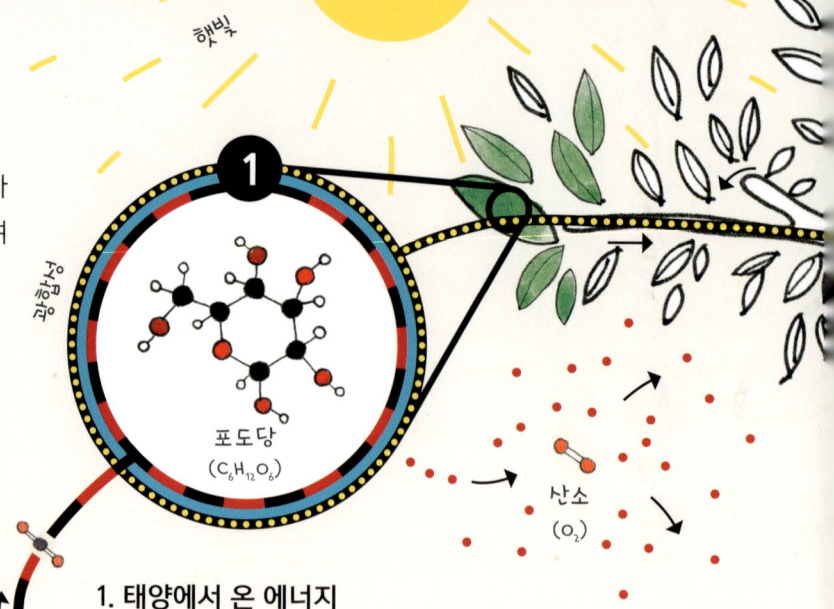

1. 태양에서 온 에너지

식물은 태양 에너지를 이용해 물(H_2O)과 이산화탄소(CO_2)로 에너지 넘치는 포도당($C_6H_{12}O_6$)을 만들어. 이걸 광합성이라고 하는데, 이 과정에서 산소(O_2)가 더불어 나오지.

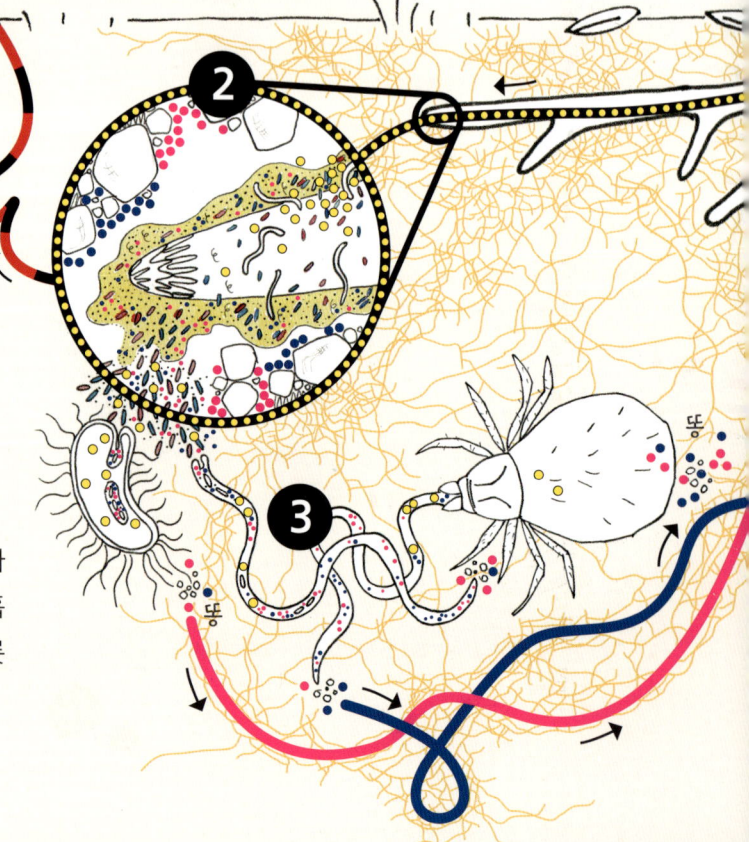

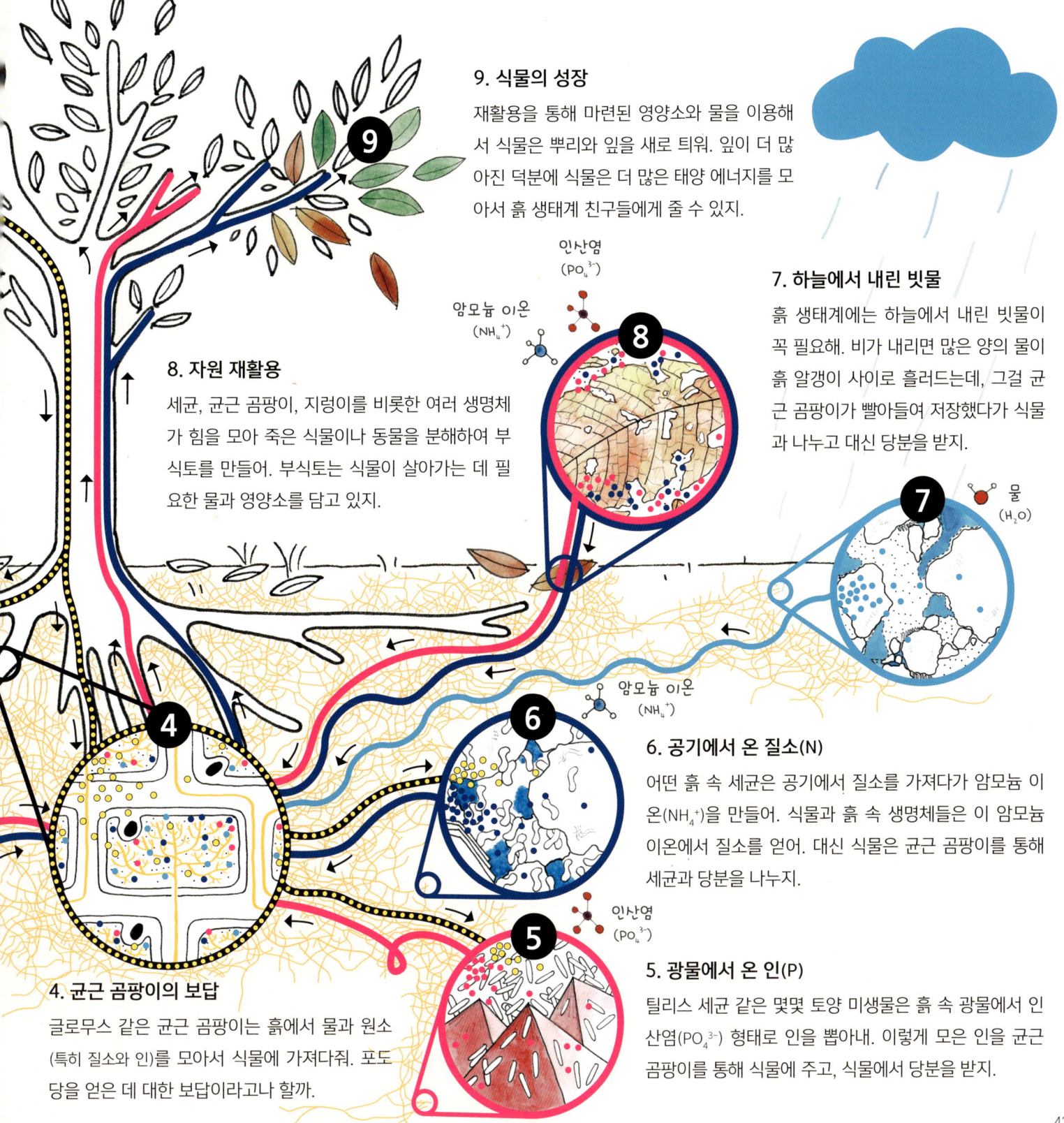

사람과 흙

흙은 지구의 피부야. 흙 생태계는 지구 생명체, 암석과 광물, 기체, 그리고 물 사이에서 끊임없이 활발하게 일어나는 상호 작용을 거치며 만들어지지.

인류는 늘 흙에 기대어 살아왔어. 흙은 음식(곡물, 과일, 채소)과 연료(땔감)와 섬유(옷과 종이)를 주고, 가축을 먹여 살리지(풀과 곡물). 지난 60년 남짓 인류는 농사를 짓는 데 흙을 아주 활발히 이용해 왔어. 지금은 전체 지구 표면의 40퍼센트가 농사에 이용되지. 그러면서 흙에 많은 문제가 생겨났어. 겉흙이 많이 사라지고, 흙이 더 많이 깎여 나갔으며, 소금기가 늘고, 산성화되고, 전염병이 더 늘었지. 건강하지 않은 흙은 인류 문명을 뒤흔들고 위협해.

건강한 흙은 기후에도 좋아

흙에는 대기보다 세 배나 많은 탄소가 저장되어 있어. 흙에 세균, 곰팡이, 선충, 원생동물, 톡토기, 지렁이가 더 많이 있을수록(죽었든 살았든 괜찮아), 탄소도 그 생명체들의 몸과 주위 흙에 더 많이 저장되어 있어. 흙 속 먹이 사슬 안에서 더 다양하고 더 많은 생명체가 활동할수록(다른 말로 하면, 생명 다양성이 높아질수록) 대기에서 이산화탄소를 더 많이 줄일 수 있지.

농업을 다시 생각해 보자

이제는 농사를 지으면서 흙 생태계도 함께 건강해지도록 애쓰는 사람들이 늘고 있어. 이러한 노력을 '재생 농업'이라 부르는데 생태농업, 영속농업, 생명역동농업, 유기농업이 모두 여기에 들어가. 재생 농업을 하는 농부는 두엄 주기, 흙 덮기, 여러 작물 함께 심기 같은 방법으로 농사를 짓되, 땅 갈기나 농약과 화학 비료 주기 같은 방법은 쓰지 않으려고 해.

농약은 작물에 해를 주는 생명체를 죽이거나 막는 데 쓰이는 화학 물질이야. 그런데 농약은 뜻밖의 결과도 불러와. 예를 들면 꿀벌이나 무당벌레처럼 이로운 곤충도 가리지 않고 죽이는 거지. 재생 농업에서는 농약 대신 흙에 이로운 미생물과 함께 농사를 짓는 노력을 하고 있어. 이로운 미생물들이 해충이나 병을 옮기는 균류나 곤충으로부터 작물을 보호해 주는 원리를 이용하는 거지. 예를 들어 식물 뿌리를 망가뜨리는 풍뎅이 애벌레를 막기 위해 살충제 대신 곤충병원성선충을 이용하는 거야('미생물 덕분이야' 시리즈의 《흙 속의 나무 구조대》를 보면 원리를 알 수 있어). 이런 방법을 '생물적 방제'라고 부르기도 해.

화학 비료를 너무 많이 쓰면 식물이 이기적으로 변한다고 과학자들은 말하고 있어. 필요한 모든 영양소를 이미 얻었으니, 뿌리로 내보내는 당분의 양을 줄이는 거지. 이런 상황이 계속되면 흙 속 생명체의 종 수와 숫자가 줄어들고, 균근 곰팡이와의 관계도 깨지게 돼. 재생 농업에서는 화학 비료 대신 토양 미생물을 뿌려서, 작물이 나고 자라고 죽는 과정에서 영양소들이 자연스럽게 순환할 수 있도록 하지.

흙 돌보기

누구나 흙을 행복하게 해 줄 수 있어. 건강한 흙은 대기에서 탄소를 가져다 저장하고, 미생물의 집이 되어 주지. 한 뼘 넓이의 흙을 돌보기만 해도 달라지는 게 있어.

식물 심기

식물이 자랄 때 흙은 가장 건강해. 식물은 태양 에너지를 탄소가 풍부한 포도당으로 바꾸고, 땅속에 사는 수십억 생명체를 먹여 살리거든. 식물이 더 많이 살아갈수록, 더 많은 에너지와 탄소가 뿌리를 통해서 흙 생태계 속 생명체에 전달되지.

흙 덮기

흙은 포근한 덮개를 좋아해. 잎사귀나 줄기나 두엄 같은 것으로 흙을 덮어 주면, 여름에는 물기가 날아가는 걸 막을 수 있고 겨울에는 따스함을 유지할 수 있어. 그리고 잡초가 자라는 것도 막을 수 있지.

물 주기

물기가 많을 때 흙은 행복해해. 하지만 비는 불규칙하게 내리고, 식물은 물이 늘 필요하지. 그래서 가끔 식물에 물을 주는 거야. 흙에서 다양한 생명이 살아갈 수 있도록 한다면, 물을 저장하고 지키고 나누는 데 도움이 돼.

곰팡이를 응원하기

곰팡이가 땅속에서 이뤄 놓은 그물은 흙 여기저기에 물과 영양소를 저장하고 나르지. 그런데 흙을 잘게 갈아 부수면 이 정교한 그물도 부서지고 말아. 그러니까 되도록 땅을 뒤섞거나 흩뜨리지 말아야 해.

두엄: 자연이 만든 비료

토양 미생물과 식물이 흙을 기름지게 만들기 위해서는 음식이 꾸준히 공급되어야 해. 그리고 두엄은 미생물과 식물이 가장 좋아하는 음식이지. 만들기도 쉬워. 풀, 잎사귀, 똥, 음식물 찌꺼기를 쌓아 두고 몇 주에서 몇 달 동안 기다리기만 하면 돼. 그러면 세균과 균류와 곤충과 진드기와 지렁이가 그걸 잘게 부숴 두엄을 만들지.

작은 것부터 큰 것까지

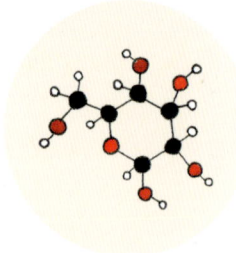

포도당
- 700피코미터
- 포도당 분자에는 탄소(C) 원자 6개, 수소(H) 원자 12개, 산소(O) 원자 6개가 들어 있음($C_6H_{12}O_6$)
- 식물이나 세균이 태양 에너지를 이용한 광합성을 해서 만듦
- 흙에서 가장 중요한 에너지원으로, 균근 곰팡이는 식물에 물과 영양소를 주고 포도당을 얻음

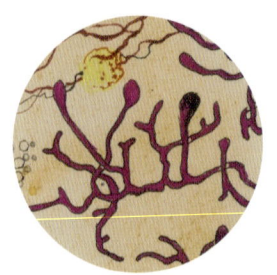

액티노
(방선균, *Actinobacteria*)
- 폭이 2마이크로미터
- 기다란 실 모양
- 유기물을 분해하여 흙에 돌려줌
- 항생 물질을 비롯해 엄청나게 다양한 분자를 만들어서 식물을 보호함

균근 곰팡이 포자
- 100마이크로미터
- 균근 곰팡이의 생식 세포
- 일단 포자에서 움이 트면 균사를 한 개나 여러 개 뻗어서 함께 살아갈 식물을 찾음

크기

| 1000 pm = 1 nm | 1000 nm = 1 μm | 1000 μm = 1 mm |

pm 피코미터(10^{-12}m) — nm 나노미터(10^{-9}m) — μm 마이크로미터(10^{-6}m)

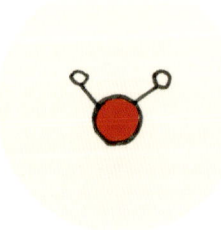

물
- 280피코미터
- 수소 원자 2개와 산소 원자 1개가 뭉친 분자(H_2O)
- 모든 생명체에 꼭 필요
- 건강한 흙에서 전체 부피의 20~30퍼센트를 차지

틸리스
(고초균, *Bacillus subtilis*)
- 3마이크로미터
- 흙에서 쉽게 볼 수 있으며, 사람의 소화관에서도 발견됨
- 효소를 이용해서 광물에서 인을 인산염(PO_4^{3-}) 형태로 뽑아냄

모나스
(슈도모나스, *Pseudomonas*)
- 3마이크로미터
- 식물 뿌리에서 매우 많이 발견되는 세균
- 식물을 보호하면서 성장을 돕기 때문에 '식물 성장 촉진 근권 세균'이라고도 불림

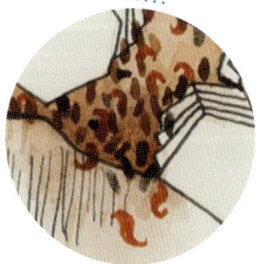

아조스
(아조토박터, *Azotobacter*)
- 3마이크로미터
- 흙과 식물 뿌리에서 흔하게 발견됨
- 공기 속 질소 분자(N_2)를 붙잡아 암모늄 이온(NH_4^+)으로 바꾸는 '질소 고정 세균'임

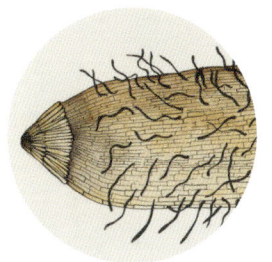

뿌리 끝
- 500~1000마이크로미터
- 뿌리가 자라나는 곳
- 당분과 지방을 내보내서 식물을 돕는 토양 미생물과 균류를 모음

브로마
(테오브로마 카카오, *Theobroma cacao*)
- 5미터
- 아마존 분지가 원산지인 열대 식물
- 뿌리를 통해 당분을 내보내서 균근 곰팡이와 토양 미생물을 모음
- 코코아 콩으로 초콜릿을 만듦

아마존 우림
- 폭이 3000킬로미터
- 나무로 이뤄진 넓은 지역
- 수많은 식물, 동물, 균류, 토양 미생물이 밀집해서 살고 있음
- 이 책의 배경이 된 곳

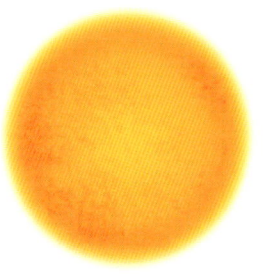

태양
- 지름이 139만 2684킬로미터
- 수소 원자가 뭉쳐서 헬륨 원자가 되는 과정(핵융합)에서 발생하는 에너지를 내뿜음
- 나이는 46억 살쯤 됨
- 광합성에 필요한 에너지(빛 알갱이)를 제공
- 지구 생명체가 에너지를 얻는 가장 중요한 원천

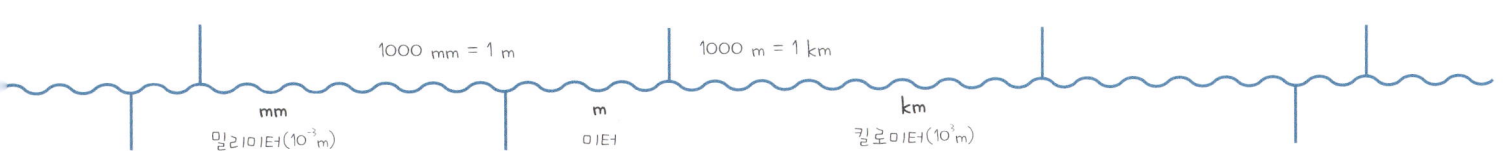

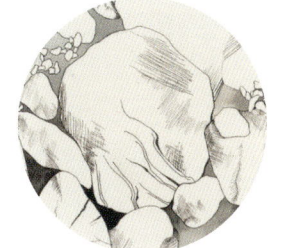

모래 알갱이
- 63~2000마이크로미터
- 흙 알갱이 가운데서 가장 흔한 형태
- 보통은 이산화규소(SiO_2)나 탄산칼슘($CaCO_3$)으로 이뤄져 있음

브로마의 아기 나무
- 250밀리미터
- 어린 테오브로마 카카오
- 균근 곰팡이와 관계를 맺으면서 흙 속에 있는 물과 광물 영양소를 더 잘 얻게 됨

글로무스 균사 네트워크
- 수천 킬로미터
- 숲 생태계에서 나무와 연결되어 있는 균근 곰팡이 균사 그물(균사체)
- '나무들의 네트워크(wood wide web)'라고도 불림
- '글로무스'라는 이름은 '작은 마(yam) 알'이라는 뜻의 라틴어에서 왔음

단어 설명

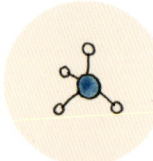

암모늄 이온
암모늄 이온(NH_4^+)은 수소(H) 원자 4개와 질소(N) 원자 1개로 이뤄진 작은 분자야. 흙 속 생명체, 특히 식물이 암모늄 이온에서 주로 질소를 얻어.

세균
세균은 가장 작은 단세포 생명체야. 길이가 보통 1~2마이크로미터지. 과학자들은 지금까지 세균을 수천 종으로 나눠 왔는데, 아직 알려지지 않은 수백만 종이 더 있을 거라고 해. 식물이나 동물과 달리 세균은 세포 분열로 증식을 하지. 세포 하나가 둘로 나뉘고, 다시 또 둘로 나뉘는 과정을 되풀이하며 수가 늘어나는 거야. 어떤 세균은 완벽한 영양 상태에서 20분마다 둘로 나뉜대! 세균은 물만 있다면 어디서든 살아. 유기물과 화합물을 분해하고 재활용할 줄 아는 세균은 생태계에서 아주 중요한 존재야.

점토
흙 광물은 크기에 따라 보통 세 가지로 나뉘어. 바로 모래, 실트, 점토지. 점토는 얇고(두께가 1~2마이크로미터) 평평한 육각형 모양 판으로, 물, 유기물, 광물, 미생물이 달라붙어 화학 반응과 생명 반응이 일어날 수 있는 넓은 표면을 만들어 내지. 주로 (음전하를 띠고 있는) 알루미늄 이온, 철 이온, 산화규소 이온으로 이루어진 점토는, 토양 미생물과 식물에 필요한 물질인 (양전하를 띠고 있는) 칼슘 이온, 마그네슘 이온, 포타슘 이온, 암모늄 이온을 아주 잘 끌어모아.

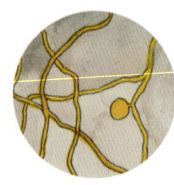

곰팡이(균류)
곰팡이는 식물과 동물 옆에 건설한 자신들만의 '계'로 분류돼. 거의 모든 균류는 소화 효소를 내보내서 흙에서 유기물을 분해하지. 효모균 같은 균류는 너무 작아서 맨눈으로는 볼 수 없고, 현미경을 이용해야 비로소 눈에 보이지. 여러 균류가 땅속에서 살아가지만 어떤 균류는 땅 위로 모습을 드러내. 버섯이 그렇게 해서 생겨난 거야. 세계에서 가장 커다란 생명체는 미국 맬휴어 국립산림지대에서 자라는 잣뽕나무버섯으로, 넓이가 무려 축구장 1350개를 합친 9.6제곱킬로미터나 된대.

부식토
부식토를 잘 모르는 사람이 많아. 부식토란 작고 색깔이 짙은 흙 알갱이야. 그 안에 여러 미생물이 모여서 광물과 유기물을 이용해 살아가지.

균사
균사는 세포들이 빨대 모양으로 실처럼 가늘고 길게 이어져 있는 거야. 거의 모든 곰팡이와 몇몇 세균이 균사를 만들지. 식물 뿌리처럼 균사도 생장점에서 자라나. 균사는 흙 알갱이 사이로 몇 킬로미터나 자라나서 '균사체'라고 불리는 거대한 그물 같은 곰팡이의 몸을 만들 수 있지.

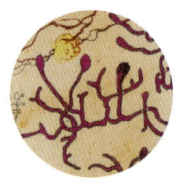

미생물
미생물이란 세균, 고세균, 바이러스, 원생동물같이 현미경을 이용해야만 볼 수 있는 아주 작은 생명체를 뜻해.

분자

분자란 두 개 이상의 원자들이 화학적으로 결합해 있는 덩어리야. 산소(O_2), 물(H_2O), 이산화탄소(CO_2), 포도당($C_6H_{12}O_6$) 같은 분자는 단순하고 작지만, DNA나 단백질 같은 '고분자'는 구조가 복잡하고 크기도 크지.

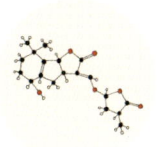

신호 물질

식물, 동물, 균류, 미생물은 다양한 분자 물질을 내보내서 다른 생명체에 신호를 전달해. 그렇게 생명체들은 서로 소통을 하지. 신호 물질(또는 정보 화학 물질)은 다른 생명체를 끌어당기거나 밀어내고, 자라도록 돕거나 막는 식으로 다양하게 작용해. 이 책에 나오는 신호 물질인 스트리고락톤은, 여러 식물이 균근 곰팡이를 끌어당기기 위해 내보내는 물질이야. 균근 곰팡이가 내보내는 응답 물질(리포키토올리고당)도 신호 물질의 한 갈래야.

균근

균근은 '균(菌, 곰팡이)'과 '근(根, 뿌리)'을 합친 말로, 식물 뿌리와 공생 관계를 맺고 살아가는 곰팡이를 뜻해. 곰팡이와 뿌리가 관계를 맺는 방식에 따라 크게 외생균근과 내생균근으로 나눠.

외생균근은 뿌리골무 둘레를 바깥에서 균사 그물로 감싼 모습을 하고 있어. 전체 식물 종의 10퍼센트에서 이런 모습을 볼 수 있는데, 자작나무, 소나무, 전나무처럼 숲에 흔히 있는 나무뿌리에서 그래. 이와 달리 내생균근에서는 균사가 식물 뿌리 세포 안으로 뻗어 들어가. 테오브로마 카카오를 비롯해 전체 식물 종의 80~85퍼센트에서 관찰되는데, 그런 방식으로 공생 관계를 맺는 곰팡이를 '수지상('나뭇가지 모양'이라는 뜻)균근'이라고 불러. 수지상균근은 4억 년이 넘도록 물리적 구조가 변하지 않았어. 그래서 살아 있는 화석으로 여겨지지.

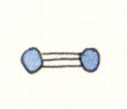

질소

질소(N)는 단백질과 핵산을 이루는 중요한 원소 가운데 하나야. 그리고 단백질과 핵산은 산소, 탄소, 수소와 더불어 모든 생명체의 세포를 이루는 핵심 분자지. 지구에서 질소는 대기와 생명체 사이를 끊임없이 오가며 순환해. 참고로 대기의 78퍼센트가 질소로 되어 있어.

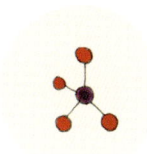

인

인(P)은 모든 생명체의 세포막과 핵산(DNA와 RNA)을 이루는 핵심 원자야. 자연에서 인은 거의 대부분 (산소 원자 4개와 인 원자 1개로 이루어진) 인산염(PO_4^{3-}) 상태로 있어. 식물이 균근 곰팡이의 도움을 받아 얻는 영양소에서 가장 중요한 것 중 하나가 바로 인이야.

포자

포자는 균류의 생식 세포로, 크기도 모양도 색깔도 가지가지야. 여러 포자가 긴 시간 동안 살아남을 수 있도록 적응했는데, 그건 움을 틔우기 전에 긴 거리를 여행하는 포자가 많기 때문이기도 해. 어떤 균류는 땅 위로 몸을 키우기도 하는데(버섯이 바로 그런 예야), 그건 바람과 비에 포자를 실어 더 넓게 퍼트리기 위해서지. 어떤 균류는 송로버섯처럼 동물의 맛있는 음식이 돼. 그걸 먹은 동물이 새로운 곳에 가서 똥을 싸면 똥 속에 있던 포자에서 움이 터서 번식하는 거야. 글로무스 포자는 바람을 타고 이동할 수도 있지만, 대부분은 작은 곤충이나 동물에 의해 널리 퍼지는 것으로 짐작하고 있어.

기획 브라이오니 바
개념 미술가. 과학자들과 힘을 합쳐 복잡계, 미시 세계와 같이 보이지 않는 것을 눈으로 보고 이해할 수 있도록 하는 작업을 합니다.

기획 그레고리 크로세티
미생물 생태학자. 미생물의 세계가 얼마나 놀라운지 사람들에게 알리기 위해 글을 쓰고 다양한 방식으로 교육을 펼쳐 나가고 있습니다.

그림 아비바 리드
생태 미술가. 그림과 체험을 통해 복잡한 과학 세계를 탐험할 수 있도록 도와주는 작업을 합니다.

글 아일사 와일드
작가. 과학자, 곡예사, 어린이와 함께하는 일, 무언가를 바뀌게 하는 이야기를 좋아합니다. 《미생물 전쟁》을 썼습니다.

번역 류충민
미생물학자. 한국생명공학연구원 감염병연구센터장입니다. 식물과 미생물의 상호작용 연구를 바탕으로 지구상의 미생물 각각의 기능과 역할을 폭넓게 탐구합니다. 미생물과의 공생이야말로 인간이 추구해야 할 최선의 가치라고 믿습니다. 《좋은 균, 나쁜 균, 이상한 균》을 썼습니다.

번역 류재헌
예술을 사랑하는 생명공학도. 어려서부터 현미경을 통해 바라보는 세상을 좋아했습니다.

현미경으로 들여다봐야만 보이는 미생물들의 세계. 그곳에서 벌어지는 놀라운 일들 속에 숨어 있는 신비한 생명의 비밀!

'미생물 덕분이야' 시리즈는 과학자, 선생님, 학생, 예술가가 힘을 합쳐 만든 상세하고 정확한 미생물 세계 안내서로, 특히 생명체들이 공생하는 모습을 깊이 탐구하고 있습니다.

이 책을 통해 어린이들은 미생물과 공생에 대한 최신 지식을 알게 되는 것은 물론, 서로 돕는 삶이 얼마나 중요한지도 깨우칠 수 있을 것입니다.

우리 다 함께 미생물의 세계 속으로 탐험을 떠나 볼까요.